Sascha Dümig / Helen Leuninger

Phonologie der Laut- und Gebärdensprache:
Linguistische Grundlagen, Erwerb, sprachtherapeutische Perspektiven

Die Autoren

Sascha Dümig
absolvierte nach der Ausbildung zum staatlich anerkannten Erzieher ein Studium der Germanistik, Psychologie und Philosophie an der Goethe-Universität Frankfurt am Main. Seit 2009 ist er dort als wissenschaftlicher Mitarbeiter am Lehrstuhl für Psycho- und Neurolinguistik des Instituts für Linguistik beschäftigt. In seiner Doktorarbeit untersucht er zurzeit die phonologische Struktur von frühen Wortproduktionen und ihren Einfluss auf den Erwerb des mentalen Lexikons.

Prof. Dr. Helen Leuninger,
ist Professorin em. für Deutsche und Allgemeine Sprachwissenschaft, Psycho- und Neurolinguistik, Gebärdensprachforschung an der Johann Wolfgang Goethe-Universität, Frankfurt/Main, Deutschland, Honorarprofessorin an der Hochschule Fresenius, Idstein.
Die Forschungsgebiete sind Psycho- und Neurolinguistik, insbesondere Sprachproduktion und Aphasiologie, Spracherwerb und die Linguistik und Psycholinguistik der Gebärdensprache sowie Theorie und Praxis des Gebärdensprachdolmetschens, zunächst als Weiterbildendes Studium an der Fachhochschule Frankfurt am Main und seit 2011 als Berufsbegleitender Masterstudiengang an der Hochschule Fresenius, Idstein. Gegenwärtig wird der Einsatz von Gebärdensprache für Kinder mit Sprechblockaden erforscht.

Sascha Dümig / Helen Leuninger

Phonologie der Laut- und Gebärdensprache: Linguistische Grundlagen, Erwerb, sprachtherapeutische Perspektiven

Das Gesundheitsforum

Bibliografische Information der Deutschen Bibliothek

Die Deutsche Bibliothek verzeichnet diese Publikation in der Deutschen Nationalbibliografie; detaillierte bibliografische Daten sind im Internet über http://dnb.ddb.de abrufbar.

1. Auflage 2013
ISBN 978-3-8248-0998-1
eISBN 978-3-8248-0938-7

Mollweg 2, D-65510 Idstein
Vertretungsberechtigter Geschäftsführer: Dr. Ullrich Schulz-Kirchner
Fachlektorat: Dr. Claudia Iven
Lektorat: Doris Zimmermann
Umschlagentwurf und Layout: Petra Jeck
Umschlagillustration: © gubh83 - Fotolia.com
Druck und Bindung: Esser Druck GmbH, Westliche Gewerbestr. 6, 75015 Bretten
Printed in Germany

Inhaltsverzeichnis

Vorwort

Getrennt voneinander haben wir Kinder beobachten können mit sprachlichen Beeinträchtigungen, die uns zunächst ganz unterschiedlich erschienen: Kinder mit sehr speziellen phonologischen Problemen und Kinder mit einer nahezu vollständig blockierten Lautsprachproduktion. Aber bei näherer Betrachtung ergaben sich Gemeinsamkeiten in der Theoriebildung und den sprachtherapeutischen Möglichkeiten, diese Beeinträchtigungen zu beseitigen. So entstand der Plan, dieses Buch zu schreiben. An einem warmen Sommertag haben wir Frau Dr. Claudia Iven unsere Idee vorgetragen und fanden bei ihr Unterstützung für die Realisierung dieses Projekts. Dafür und für ihre kontinuierliche Ermunterung möchten wir uns ganz herzlich bedanken. Unser Dank gilt aber gleichermaßen vielen Personen, die zum Gelingen unseres Buchs auf die eine oder andere Weise beigetragen haben: Andreas Frank, der während seiner Tätigkeit als Sprachtherapeut am Clementine-Kinderhospital in Frankfurt am Main die beiden Kinder mit phonologischen Beeinträchtigungen betreute und der kreative und inspirierende Ideen für die linguistische Grundlegung der Diagnostik und Therapie hatte; Dr. Daniela Happ und Connie Ruess, die mit einem faszinierenden Engagement die beiden Kinder mit Sprechblockade durch Gebärdensprache zur Kommunikation führten; Rabea Schwarze, die die Hausbesuche begleitete und mit unglaublicher Akribie die sprachlichen Fortschritte dokumentierte und uns regelmäßig beraten hat; Marc-Oliver Vorköper, der uns als Gebärdensprachdolmetscher zur Verfügung stand; der Logopädin Ines Rafflenbeul, die uns detaillierte Informationen über die lautsprachlichen Fortschritte eines der Kinder mit ursprünglicher Sprechblockade zur Verfügung gestellt hat. Schließlich gilt unser Dank den Kindern selbst, die uns einen neuen Weg in die großartige Struktur der Sprache gezeigt haben, den wir mit Ihnen, geehrte Leser, nun gemeinsam beschreiten wollen.

Frankfurt am Main

Sascha Dümig

Helen Leuninger

1 Grundlegendes

1.1 Problemstellung

Die Phonologie spielt im Kontext von Sprachdiagnostik und insbesondere -therapie bis heute eine stiefmütterliche Rolle, sowohl quantitativ als auch, und das ist für unsere Arbeit entscheidend, qualitativ. Denn einer differentialdiagnostisch genauen Analyse und der darauf notwendigerweise aufbauenden Therapie muss eine ebenso genaue wissenschaftlich fundierte phonologische Analyse zugrunde liegen. In den bisherigen Ansätzen fehlt zudem die Ausarbeitung der Funktion der Phonologie als Schnittstelle und Motor der morphologischen, lexikalischen und syntaktischen Entwicklung.

Ein Ansatz, der von Schnittstellen ausgeht, geht auch davon aus, dass das menschliche Sprachvermögen und die Sprachkenntnis modular organisiert sind. Wir werden daher in Abschnitt 2 kurz charakterisieren, was Modularität in der Linguistik und Psycholinguistik bedeutet. Es wird sich zeigen, dass die Daten aus dem Erwerb und der Verarbeitung von Sprache am besten unter Zugrundelegung einer modularen Konzeption erklärt werden können. Dabei geben wir einen kurzen Einblick in den modularen Aufbau der Syntax, wie sie in der generativen Grammatik entwickelt worden ist. Und wir zeigen anhand von sprachlichen Fehlleistungen, dass deren Feinkörnigkeit nur im Zusammenspiel von Linguistik und Psycholinguistik modellorientiert abgeleitet werden kann. Schließlich argumentieren wir für eine bestimmte, sich ebenso an der Methodologie der generativen Grammatik orientierende Spracherwerbstheorie, dass Kinder sich ihre Sprache aufgrund eines für den Erwerb von Sprache angelegten Programms erschließen.

Im darauf folgenden Kapitel stellen wir die Phonologie von Laut- und Gebärdensprachen (in unserem Fall der Deutschen Gebärdensprache) vor.

Dieses Kapitel enthält die wesentlichen Annahmen der linearen und nicht-linearen Phonologie. Wir werden zunächst dafür argumentieren, dass eine bloß oberflächliche Analyse des Phoneminventars einer Sprache allerhöchstens eine erste Annäherung ist, obwohl man solche Verfahren, wie komplementäre Verteilung, häufig in einschlägigen linguistischen Veröffentlichungen findet. Stattdessen werden wir eine Phonologie vorstellen, in der die phonologischen Merkmale systematisch geordnet sind und in der nicht-lineare Strukturen, nämlich Silben, für die Beziehung von Phonemen und Silbenpositionen die entscheidenden Strukturen sind, welche das phonologische Wissen rekonstruieren. Dabei spielt die Komplexität von Silben eine wichtige Rolle. Diese Silbentheorie macht von einem zentralen Konzept Gebrauch: Sonorität. Im Zusammenspiel von Silbenposition, phonologischen Merkmalen und Phonemen und Sonorität lässt sich die Komplexität oder Markiertheit von Silben (genauer: Halbsilben) berechnen, die für unsere Analyse phonologischer Störungen von entscheidender Bedeutung ist. Wir ordnen daher unsere auf einer solchen phonologischen Theorie basierende Konzeption als eine Ergänzung zu den vorliegenden diagnostischen und therapeutischen Ansätzen ein.

Wir geben darüber hinaus in diesem Kapitel einen Einblick in eine Sprachtheorie, die als Alternative zur generativen Theorie gelten kann, nämlich die sog. Optimalitätstheorie, auf die wir im Zusammenhang mit dem Erwerb der Silbenstrukturen zurückkommen.

Nicht nur die besondere phonologische Theorie, von der wir ausgehen, ist ergänzend, sondern auch unsere Idee, Gebärdensprache in der Sprachtherapie einzusetzen. Zwar liegen vereinzelt Hinweise auf eine solche Herangehensweise im deutschsprachigen Raum, aber auch systematische Studien vor allem im angloamerikanischen Raum sowie einige in Europa vor, jedoch sind diese nicht modellorientiert und fokussieren auch nicht die besondere Funktion der Gebärdensprachen. Gebärdensprachen unterscheiden sich von Lautsprachen in ihrer Verarbeitungsmodalität, sie sind visuell-gestische Systeme. Naturgemäß werden ihre grammatischen Strukturen mit anderen Artikulatoren (den Händen und nicht-manuellen Komponenten wie Mimik, Kopf- und Körperhaltung) ausgedrückt als in den Strukturen der Lautsprachen. Das ist der einzig relevante Unterschied. Insbesondere haben sie eine entfaltete phonologische Komponente, denn Phonologie ist ja nicht reduzierbar auf phonetische Eigenschaften, sondern sie ist jene Komponente der Grammatik, deren Gegenstand die Regularitäten unterhalb der Morphemebene erfasst. Exemplarisch präsentieren wir daher die phonologischen Merkmale, aus denen sich Silben und Gebärden zusammensetzen, und beschreiben auch die Silbenstruktur der Deutschen Gebärdensprache.

Wie erwähnt, charakterisieren wir die frühen sprachlichen Leistungen unter Zugrundelegung eines Sprachverarbeitungsmodells. Wir präsentieren daher im Folgenden das einflussreiche Modell von Garrett, erweitert um drei weitere Komponenten: die „Slots-and-Fillers"-Komponente, die eine getrennte Verarbeitung von Phonemen und Silben ermöglicht, einen Zufallsgenerator, der bei fehlendem Zugriff auf das Lexikon zufällige Phonemsequenzen erzeugt, und wegen der Dissoziation von Verstehen und Produzieren neben dem phonologischen Output-Lexikon ein Input-Lexikon.

Es schließt sich eine Darstellung einiger einschlägiger Studien zum Erwerb von Phonemen, phonologischen Merkmalen und Silbenstruktur an. Es zeigt sich, dass eine mit der bloßen Oberfläche, also der reinen Phonemabfolge, arbeitende Einschätzung des Erwerbs bzw. der Störung phonologischen Wissens ergänzt werden muss durch eine Erklärung, warum es eine spezifische Reihenfolge des Erwerbs von Phonemen gibt. Erklärende Faktoren, so belegen es diverse Studien, sind die Merkmalsgeometrie, die Komplexität von Silbenschablonen und die Markiertheit von Phonemen in Silbenpositionen. Kinder erwerben zunächst in der Merkmalsgeometrie höher angesiedelte Merkmale, sie produzieren als Erstes nicht oder wenig verzweigende Silben und folgen je nach Zielsprache in ihrer Wahrnehmung und Segmentation von Wörtern im Input dem Betonungsmuster minimaler Wörter. Reduzieren Kinder beispielsweise Phonemcluster am Silbenanfang, so bleiben die unmarkierten Plosive zurück, reduzieren sie hingegen Cluster in der Koda, so bleiben unmarkiertere Frikative zurück. Dies lässt sich aus der Theorie der Halbsilben ableiten.

Damit hoffen wir, das Rüstzeug für die Beschreibung von vier Fallstudien zur Verfügung gestellt zu haben, die wir im folgenden Kapitel präsentieren werden. Zwei dieser Studien handeln von Kindern mit sehr speziellen phonologischen Störungen. Hier zeigen wir, auf welche Weise die Silbentheorie und die Theorie sortierter phonologischer Merkmale zur Diagnostik und zur Therapie herangezogen werden sollten. Die beiden anderen Fallstudien handeln von Kindern, die teilweise trotz logopädischer Intervention eine persistierende Blockade der Lautsprachproduktion haben. Mithilfe des Einsatzes von Gebärdensprache konnte diese Blockade gelöst werden.

Wir beschreiben dabei detailliert den Weg, der in der Sprachtherapie bzw. Sprachbetreuung dieser Kinder zu beschreiten ist.

Obwohl oberflächlich betrachtet diese beiden Arten von Fallstudien sehr verschieden aussehen, werden wir im abschließenden Kapitel zeigen, dass sie aus einem modularen, die phonologische Feinstruktur enthaltenden Sprachverarbeitungsmodell abgeleitet werden können, das sowohl die Verarbeitung von Lautsprache als auch von Gebärdensprache enthält. Dieses integrative Modell ermöglicht es, die selektiven Beeinträchtigungen im Sprachproduktionsprozess genau zu lokalisieren.

1.2 Sprachverarbeitung modular

> *„Ich nehme vorläufig an, daß der Geist eine modulare Struktur hat, ein System von zusammenwirkenden Teilsystemen mit ihren eigenen, besonderen Eigenschaften. Das wenige, was bekannt ist, stützt diese Ansicht. Daher besteht, soweit ich es überblicken kann, die einzige vernünftige Forschungsstrategie in der Untersuchung einzelner Systeme und ihrer Wechselwirkung."*
>
> (Chomsky 1980: 93)

Wenn man den komplexen Zusammenhang von Sprachkenntnis, Sprachverarbeitung und anderen Wissenssystemen in den Blick nimmt, lassen sich zwei diametral entgegengesetzte Positionen ausmachen: eine „holistische" und eine modulare Sichtweise. Wir werden im Folgenden für eine modulare Konzeption argumentieren. Es wird sich auch zeigen, dass die Analyse von diversen sprachlichen Beeinträchtigungen nur unter einer solchen Konzeption eine erfolgversprechende Forschungsstrategie ist.

Modularität extern – intern
Auf die Frage, wie der menschliche Geist organisiert ist, gibt es mindestens zwei mögliche Antworten:
Jedes menschliche Verhalten ist so komplex, dass es schier hoffnungslos ist, empirische Daten für die Ausgrenzung mentaler Systeme zu gewinnen. Folglich ist die minimale Annahme der Kognitionswissenschaften, dass der Geist nicht als modular organisierte, sondern als holistische Kapazität aufzufassen ist.
Die Annahme, dass das menschliche Verhalten überbordend komplex sei, mag zwar alltagspsychologisch faszinierend sein, ist jedoch aus der Sicht avancierter linguistischer und psycholinguistischer Forschungen einer anderen als der holistischen Erklärung zugänglich. Es lassen sich nämlich autonome mentale Subkomponenten ausgliedern. So sind z.B. die Mechanismen, die der Gesichtererkennung zugrunde liegen, von solchen unterschieden, die der Sprachperzeption zugrunde liegen. Auch die perzeptuelle Analyse von Deklarativsätzen unterscheidet sich nachweislich von der Perzeption von Beethovens Neunter. Folglich ist die minimale Annahme, dass der Geist in Gänze modular organisiert ist. Dies ist die Position Chomskys. Der menschliche Geist ist ein hochspezifisches, modular organisiertes System.
Das Modul der Sprachkompetenz (I-Sprache: internalisierte Sprache) ist über Schnittstellen mit anderen kognitiven Systemen verbunden, etwa mit den Sys-

temen der konzeptuellen Struktur, der pragmatischen Kompetenz und den perzeptuellen/produktiven Komponenten der Sprachverarbeitung. Diese Strukturierung des menschlichen Geistes ist die externe Modularität und in ihrer grundlegenden Konzeption der körperlichen Ausstattung vergleichbar, denn auch die körperlichen Organe haben differenzierte Strukturen, die sich durch auslösende Reize herausbilden.

Eines dieser Module ist wie erwähnt die I-Sprache (language knowledge), das kognitive System, welches ein Sprecher/Signer[1] erwirbt, kennt und verwendet. Eine Sprache zu kennen, heißt demgemäß, in einem bestimmten mentalen Zustand zu sein. Die diese I-Sprache rekonstruierende Theorie ist die Theorie der Grammatik, und die Universalgrammatik ist die Theorie menschlicher I-Sprachen, jener Sprachen also, die uns Menschen unter normalen Erwerbsbedingungen zugänglich ist. Diese Konzeption unterscheidet sich von allen Ansätzen, deren Gegenstand die bloße Beschreibung von sprachlichen Corpora (E-Sprachen: externalisierte Sprachen) ist.

Die Grammatik selbst ist ebenfalls modular organisiert.

Ein kurzes, eingestandenermaßen vereinfachtes Beispiel mag diese modulare Organisation illustrieren (vgl. Keller & Leuninger 2004):

1 a Der Präsident schenkt den Kindern einen Spielzeugbären
b* Der Präsident schenkt den Kindern
c* Der Präsident schenkt den Kindern ein Spielzeugbär
d* Der Präsident schenkt den Kindern einen Spielzeugbären einen Kaugummi
e* Der Präsident den Kindern einen Spielzeugbären schenkt

Die Formen mit * sind aus unterschiedlichen Gründen ungrammatisch. 1b ist abweichend, weil gemäß dem Lexikonmodul schenken ein zweistelliges Verb ist (zwei Objekte verlangt), 1c ist abweichend, weil gemäß der Kasustheorie das Verb schenken den Komplementen Dativ und Akkusativ zuweist, ein Spielzeugbär dies aber nicht erfüllt, 1d ist abweichend, weil gemäß dem Modul, das thematische Rollen mit kasusmarkierten Nominalphrasen (NPs) verknüpft, eine thematische Rolle (THEMA), aber zwei NPs vorhanden sind, und 1e ist abweichend, weil gemäß der Phrasenstruktur von Hauptsätzen im Deutschen das flektierte Verb in der Verb-Zweitposition stehen muss (hierfür verantwortlich ist die

1 Wir verwenden hier den englischen Ausdruck „Signer“ für Personen, deren I-Sprache eine Gebärdensprache ist.

Spurentheorie). Es ist also zu erkennen, wie jedes Modul seine Beschränkungen zur Verfügung stellt. Im Zusammenspiel dieser Module ergibt sich die Grammatikalitätsverteilung.

Charakteristisch für grammatische Prozesse ist Rekursivität, also vereinfacht ausgedrückt: der Zusammenhang von einfachen Regeln und ihrer beliebigen Anwendbarkeit, wie etwa in dem folgenden Beispiel, das die wiederholte Anwendung der Relativsatzbildung zeigt:

2	Die Logopädin, die den kleinen Jungen, der eine phonologische Störung hat, therapiert, hat gestern auf einer Tagung, die in Davos stattgefunden hat, einen Vortrag zu diesem Thema, das von allgemeinem sprachtherapeutischen Interesse ist, gehalten.

Rekursivität kann als formale Rekonstruktion einer der zentralen konzeptuellen Grundlagen der generativen Grammatik angesehen werden, der Kreativität menschlichen Sprachverhaltens. Kreativität bedeutet, beliebig komplexe Strukturen ohne Kontextgebundenheit zu erzeugen. Dieses Charakteristikum unterscheidet die generative Grammatiktheorie von jedweder Vorstellung, dass Erwerb und Struktur menschlicher Sprachen durch den Kontext und von Stimulus-Response-Beziehungen (Verstärkung) gesteuert sei, ist also eine zu behavioristischen Modellierungen konträre Annahme.[2]

In der Tat lässt sich Kreativität mit vielfältigen Daten etwa aus dem Spracherwerb (Daten aus Hohenberger 2002) belegen:

3 a	Du mainufermann (2;1) ← Mann am Mainufer (Kind zur Mutter!)
b	Wo is mein kleines magahäschen (2;6) ← Häschen, das ich mag

Das Kind nutzt hier, bevor es präpositionale Satzglieder (Präpositionalphrasen; PPs) oder ganze Sätze realisieren kann, die rekursiven Eigenschaften der Komposition als Vorläufer für syntaktische Strukturen. Es ist ganz offensichtlich, dass diese Äußerungen nicht durch den sprachlichen Input gestaltet worden sind.

2 Es war der amerikanische Linguist Noam Chomsky, der mit seiner Arbeit „Syntactic Structures" von 1957 die generative Grammatik als Theorie der Sprachkompetenz und des Spracherwerbs grundgelegt und den zu dieser Zeit vorherrschenden Behaviorismus in seinen Grundfesten erschüttert hat.

1.3 Strategien im Spracherwerb: Bootstrapping I

Kinder, die die Syntax des Deutschen erwerben, sind ohnehin mit „schwierigen" Inputdaten konfrontiert. Denn Deutsch ist eine Verb-End-Sprache mit einem Verb-Zweit-Effekt, also mit unterschiedlichen Positionen des flektierten Verbs (V):

4 a	Bert sagt, dass Lisa Oma hilft.
b	Lisa hilft Oma, das hat Bert gesagt.

Kinder produzieren zunächst V-End-Sätze mit unflektiertem Verb am Ende. In den frühen Äußerungen zeigen sich daher nur Verbalphrasen (VPs) mit vollständiger thematischer Struktur (Beispiele aus Tracy 1995):

5 a	Julia Eis essen (2;0)
b	NICHT Papa hochfliegen (1;9)

Ihre Unsicherheit in Bezug auf die Verbposition zeigt sich zunächst auch, wenn sie schon Verbflexion erworben haben:

6 a	Wo is noch eine mülltonne is? (2;5)
b	Was ich kann machen? (2;11)

Mithilfe des Head-Turn-Paradigmas[3] ist jedoch gezeigt worden, dass Kinder bereits im Alter von 18 Monaten fähig sind, in der Perzeption systematisch auf den Unterschied zwischen grammatischen und ungrammatischen Sätzen zu reagieren (vgl. Höhle u.a. 2001).

7 a	Bert sagt, dass Lisa Oma hilft
b	Bert sagt, dass Lisa hilft Oma

Solche Experimente lassen den Schluss zu, dass Kinder bereits früh den sogenannten Kopf-Parameter des Deutschen (also [NP Verb]) belegt haben. Wie haben sie dies geschafft? Mit ihrem Spracherwerbsprogramm, das sogenannte Bootstrapping-Strategien enthält. Mit Bootstrapping ist Folgendes gemeint:

3 Mit dieser Methode wird gemessen, wie lange Kinder ihren Kopf in Richtung des Lichts drehen, das angeht, wenn der jeweilige Satz gesprochen wird. Sie schauen länger zu dem Licht, wenn sie den ungrammatischen Satz hören.

Kinder nutzen bereits erworbene Kenntnisse in einem grammatischen Modul, um sich Einheiten und Strukturen in einem anderen grammatischen Modul zu erschließen. Eine der relevanten bereits z.T. vorgeburtlich erworbenen Fähigkeiten ist die implizite Kenntnis der prosodischen Struktur von Wörtern (Penner u.a. 2006)[4]. Das für das Deutsche charakteristische und bereits erworbene Betonungsmuster zweisilbiger Wörter ist der Trochäus, also die Abfolge von betont – unbetont, wie in Mama, Auto usw. Damit können die Kinder schon früh (ab 7 Monate) Wörter im kontinuierlichen Lautstrom ausgrenzen.
Der Kopf-Parameter im Deutschen hat ebenso ein trochäisches Betonungsmuster, also VP[NP V]. Die Belegung des syntaktischen Parameters wird also offenbar durch prosodisches Bootstrapping ausgelöst. Dies zeigt uns zum einen die Interaktion von grammatischen Modulen und zum anderen natürlich auch die entscheidende Rolle der internen Ausstattung für den Spracherwerb.

1.4 Komplexität, Selektivität und Transparenz

Die strukturellen Beschränkungen folgen daher entweder im Kindesalter den Optionen der Universalgrammatik oder, wie wir nun kurz zeigen wollen, im Erwachsenenalter den Optionen der jeweiligen I-Sprache.
Modularität hat nicht nur in der Linguistik, sondern auch in der Psycholinguistik einen festen Stellenwert. Eines der einflussreichsten modularen Sprachproduktionsmodelle wurde von Garrett (1975) entwickelt. In diesem über Sprachproduktionsdaten motivierten Satzplanungsmodell werden unterschiedliche Komponenten mit ihren jeweils spezifischen Berechnungsvokabularen angenommen, insbesondere wird die Berechnung von Bedeutungs- und Formeigenschaften unterschieden.

---

4 Schon vor den ersten Wörtern folgen die nicht-lexikalischen Äußerungen der Kinder der Sprachmelodie der Umgebungssprache; Silben etwa haben bereits die Frequenz und Dauer typischer Silben. Diese Abfolge gilt übrigens auch für den Erwerb von Gebärdensprachen. Die Babbelgesten und die ersten Silben haben die charakteristische Struktur von Wörtern der jeweiligen Gebärdensprachen (vgl. Leuninger 2000 und die dort besprochene Literatur). Pinker (1987) hat die Idee des Bootstrapping in die Spracherwerbsforschung eingebracht. Er argumentiert für ein frühes semantisches Bootstrapping. Aber Gleitman & Gleitman (2001) nehmen ein Verfahren an, durch das die Kinder die Bedeutung von Verben mithilfe ihrer Subkategorisierung, ein syntaktisches Bootstrapping, erschließen, also genau umgekehrt zum semantischen Bootstrapping (eine umfassende Übersicht über diverse Formen des Bootstrappings findet sich in Weissenborn & Höhle [2001]).

Vier Evidenzklassen sprechen für eine solche Trennung (Jescheniak 1999)[5]:

1. Wortfindung (Bedeutung bekannt, Form nicht oder teilweise zugänglich)
2. Frequenz
3. Tip-of-the-Tongue-Zustand (Bedeutung bekannt, Form nicht oder teilweise zugänglich)
4. Fehlleistungen (Versprecher)[6]

Für die getrennte Verarbeitung von Bedeutung und Form geben wir hier nur Beispiele der letzten Evidenzklasse, Versprecher (vgl. Keller & Leuninger 2004; Leuninger 1996, 2003).

Bedeutungsbedingte Ersetzungen (Formähnlichkeit spielt keine Rolle):

8 a	Bevor wir enger einsteigen ← weiter
b	Man höre zwischen den Zeilen ← lese
c	Der Schrank ist sehr schön. Da sind so Spiegel innen drin, also außen dran, also in der Mitte

Formbedingte Ersetzungen (Bedeutungsbeziehungen spielen keine Rolle):

9 a	Der Versprecher wird noch von der Polizei gesucht ← Verbrecher
b	Valderama ist gut zu erkennen an seiner blonden Rasta-Figur, äh, Frisur
c	Die Hirnregale, die für die Sprachverarbeitung zuständig sind ← Hirnareale

Das eben skizzierte Modell ist ein strikt serielles Top-down-Modell, d.h. vertikale Feedback-Schleifen zu jeweils „höheren", also zeitlich früheren Verarbeitungsschritten sind nicht erlaubt, wohingegen horizontale Parallelität möglich ist. Auch inkrementelle Verarbeitung ist erlaubt, denn ein Satz muss nicht not-

5 Auch in dem von Levelt (1989) präsentierten Modell werden Form- und Bedeutungsmerkmale (Lexem und Lemma) strikt voneinander unterschieden. Darüber hinaus enthält Levelts Modell eine Korrekturkomponente. Das von Garrett (1975) entwickelte Satzplanungsmodell wird in Kapitel 3.1 vorgestellt und in Kapitel 7 im Zusammenhang mit unseren Fallstudien ausführlich diskutiert.

6 Bezieht man, wie wir es hier tun, Gebärdensprachen ein, so muss Punkt 3 durch Tip-of-the-Hand ergänzt werden, wofür die Studie von Thompson u.a. (2005) Evidenz aus der Amerikanischen Gebärdensprache liefert. Und Punkt 4 muss durch „Vergebärdler", also gebärdensprachliche Fehlleistungen, ergänzt werden; vgl. dazu Kapitel 2.2.

wendigerweise erst komplett in seiner Bedeutung berechnet werden, ehe er morphosyntaktisch bearbeitet wird. Modelle, die nicht strikt top-down sind und viele Feedback-Schleifen enthalten (sog. konnektionistische Modelle, Schade 1992), simulieren entgegen ihrer Zielsetzung nicht den extremen Zeitdruck auf die Planung und Realisierung sprachlicher Äußerungen.

Warum Versprecher, so werden Sie vielleicht fragen? Wir antworten Ihnen so: Versprecher öffnen ein Fenster zur Sprachstruktur (Transparenz), die uns selbst mit den besten neuroradiologischen Techniken in ihrer Feinkörnigkeit verschlossen ist. Denn wir finden ja bei solchen Fehlleistungen, im Unterschied zu anderen spontansprachlichen Äußerungen, nur selektive Beeinträchtigungen, und diese erfassen – das ist das Interessante – systematische grammatische Einheiten und Regularitäten.[7] Dies zeigt sich etwa bei morphosyntaktischen Anpassungen in Versprechern wie dem folgenden:

10 a	Gemonatete Arbeiten ← gearbeitete Monate

Nach der Vertauschung der Wortstämme entsteht nämlich nicht

b	Gemonatete Arbeite

Offenbar hat das Sprachplanungssystem Zugang zu den morphologischen Pluralparadigmen und „korrigiert" kontextgebunden intern den Versprecher. Das Satzplanungssystem ist also in der Lage, unter echtzeitlichen Bedingungen feinkörnige Analysen zur Verfügung zu stellen.

Modularität, Selektivität und Transparenz sind die leitenden Prinzipien der kognitiven Linguistik und Psycholinguistik. Wir werden in Kapitel 6 zeigen, dass diese Prinzipien eine erfolgversprechende Grundlage von Sprachdiagnostik und darauf aufbauender Therapie sprachlicher Beeinträchtigungen sind.

7 In Kapitel 2.2 zeigen wir bspw., wie die Struktur der Deutschen Gebärdensprache die Art der Fehlleistungen bestimmt.

2 Phonologie

2.1 Wie findet man Phoneme?

Um das Inventar von Phonemen in der jeweilig analysierten Sprache zu ermitteln, nutzen viele Ratgeber und Einführungen in die Phonologie das Konzept der komplementären Verteilung. Allerdings ist dieses Verfahren nicht zuverlässig. Es entstand im amerikanischen Strukturalismus, der dem Behaviorismus der damaligen Zeit verpflichtet (1930-1950) war. Sprache sollte strukturell analysiert werden mithilfe einer festgelegten Menge von Beschreibungsebenen, die grob den intuitiven Begriffen ‚Laute – Wörter – Phrasen' entsprechen. Eine Beschreibungsebene ist durch ein deskriptives Vokabular charakterisiert, das Typen von Einheiten enthält, die vollständig durch die Anzahl der Tokens spezifiziert sind. Bezogen auf die Ermittlung von Phonemen lautete die deskriptive Aufgabe: Wie kann eine gesicherte Entscheidung darüber getroffen werden, welche der Lautäußerungen (Tokens) welchem Phonem (Type) zugeordnet werden können? Wird eine Unterscheidung nie für eine Unterscheidung von Wörtern genutzt, so sollte sie nicht repräsentiert werden (dies ist die sog. Minimalpaarbildung): z.B. aspiriertes [t^h] oder [p^h] im Deutschen im Vergleich etwa zum Thailändischen. Im Thailändischen nämlich bilden Wörter mit und ohne aspirierte Konsonanten Minimalpaare: tam (*zermalmen*) vs. [t^h]am (*tun*); paa (*Wald*) vs. [p^h]aa (*spalten*). Selbstverständlich gehört auch [t^h] und [p^h] zum <u>phonetischen</u> Vokabular des Deutschen (vgl. auch Kapitel 2.2 und Fodor u.a. 1974). Man erhält also die erste Ebene der Phonologie, das phonetische Vokabular. Auf die nächsthöhere Ebene, die phonologische Ebene nämlich, gelangt man mit einer automatischen Entdeckungsprozedur: Weise einem Paar von Phonen dasselbe Phonem zu, genau dann, wenn es entweder in freier Variation oder in komplementärer Verteilung in einem Corpus vorkommt und es kein Minimalpaar gibt, in dem beide Phone vorkommen können. Das ist jetzt ziemlich abstrakt, machen wir es uns an einem Beispiel deutlich:
Im Deutschen werden, das haben wir eben angedeutet, bestimmte Konsonanten in bestimmten Umgebungen aspiriert, in anderen jedoch nicht (vgl. Kloeke 1982):

1 a	A[p^h]éll, A[s p^h]íkh, [p^h]ech, [p^h]lage, [t^h]al, Gewal[t^h]
b	verstckt, Haupt, A[p]satz, [š]piel

Dies scheint ein klassischer Fall für komplementäre Verteilung zu sein, denn es gibt keine Minimalpaare [pʰ]ech/*Pech* oder *Haupt/Haup*[tʰ]. [p, [pʰ]] und [t, [tʰ]] sind also im Deutschen komplementär verteilt, daher sind sie jeweils Phone eines Phonems, also /p/ und /t/. Wir könnten uns also zufriedengeben, da wir scheinbar zum gewünschten Ergebnis gekommen sind. Jedoch funktioniert dieses als automatisch konzipierte Entdeckungsverfahren gerade nicht automatisch. Denn [p, [tʰ]] und [t, [pʰ]] sind naturgemäß auch komplementär verteilt, denn es gibt keine phonologische Umgebung, in der [p, [tʰ]] und [t, [pʰ]] vorkommen können. Wir wollen aber nicht als Ergebnis haben, dass [p, [tʰ]] bzw. [t, [pʰ]] jeweils ein Phonem bilden und wüssten auch gar nicht, welche Phoneme dies jeweils sind. Um dieses Problem zu lösen, reicht also komplementäre Verteilung gar nicht aus, sondern man muss ein anderes Kriterium zurate ziehen, z.B. das der phonetischen oder perzeptuellen Ähnlichkeit, ein allerdings weiches Kriterium. Schon die berühmten Experimente von Liberman u.a. (1957) haben gezeigt, dass perzeptuelle und akustische Ähnlichkeit weit auseinanderfallen kann. Unter bestimmten experimentellen Bedingungen, wenn man nämlich den ersten Konsonanten einer Silbe abtrennt und ihn mit einem Vokal kombiniert, hören Probanden Silben wie /pi/ als /ka/ oder /pu/. Damit aber ist komplementäre Verteilung als automatische Entdeckungsprozedur vom Tisch. Es ist daher empirisch angemessener, mit phonologischen Merkmalen zu arbeiten und Perzeption als kategoriale Perzeption auf der Basis von internen Strukturen aufzufassen. Dies jedoch unterläuft das Konzept automatischer Entdeckungsprozeduren, denn in der Sprachverarbeitung werden /pi/'s ja als /pi/s wahrgenommen.

2.2 Phonologische Merkmale

Lineare Phonologie

> *„Das Phonem kann weder von seiner psychologischen Natur aus noch von seiner Beziehung zu den phonetischen Varianten befriedigend definiert werden, sondern einzig und allein von seiner Funktion im Sprachgebilde. Ob man es nun als kleinste Einheit (L. Bloomfield) oder als Lautmerkmal am Wortkörper (K. Bühler) bezeichnet – alles kommt auf eines hinaus: nämlich darauf, daß jede Sprache distinktive (‚phonologische') Oppositionen voraussetzt, und daß das Phonem ein in noch kleinere distinktive (‚phonologische') Einheiten nicht weiteres zerlegbares Glied einer solchen Opposition ist."*
> (Trubetzkoy 1939: 39)

Ohnehin ist die Rede vom Phonem im Grunde eine Vereinfachung. Was als Phonem bezeichnet wird, ist ein Bündel von sogenannten distinktiven Eigenschaften oder Merkmalen, die miteinander kontrastieren.
Mit einer Theorie phonologischer Merkmale sollen alle Merkmale erfasst werden, die in den natürlichen Sprachen dieser Welt eine distinktive Funktion einnehmen. Nehmen wir zur Illustration die Wörter [bi:R] und [vi:R]. Es sieht oberflächlich so aus, als ob einfach nur zwei Laute miteinander kontrastieren, also [b] und [v]. Hinsichtlich der funktionalen Ausrichtung des Artikulationsvorganges gibt es dennoch große Gemeinsamkeiten zwischen den Lauten. Diese funktionale Ausrichtung gibt man im Einzelnen mit der Klassifikation +/- wieder. Z.B. sind die Lippen an der Bildung eines Lautes entweder beteiligt (+) oder nicht (-). Das Maß der artikulatorischen Aktivität ist hier irrelevant. Man kann es sich in etwa vorstellen, wie die Weichenstellung für einen Zug. Natürlich kann dieser mal schneller und mal langsamer fahren, die grundsätzliche Weichenstellung nach einem vorgegebenen Fahrplan bestimmt aber letztlich, ob er am Ziel ankommt.
Was sind nun aber die distinktiven Merkmale bei den oben genannten Lauten [b] und [v]? Es findet eine Behinderung des Luftstroms in der Glottis statt (Merkmal: [+konsonantisch]) und der Luftdruck ist innerhalb und außerhalb des Mundes nicht gleich, sodass die Stimmbänder nicht wie bei Vokalen und Liquida ([R], [l]) automatisch vibrieren (Merkmal: [-sonorant]). Mithilfe dieser beiden Merkmale können wir also schon eine grundsätzliche Differenzierung in Lautklassen vornehmen, weshalb man bei den Merkmalen [konsonantisch] und [sonorant] auch von *Oberklassenmerkmalen* spricht (Kloeke 1982: 3):

	Vokale	Sonoranten	Obstruenten	Laryngale ([h] und [ʔ])
konsonantisch	-	+	+	-
sonorant	+	+	-	-

Tab. 1: Oberklassenmerkmale

[b] und [v] können wir so schon als zur Klasse der Obstruenten gehörig klassifizieren.

Neben diesen Oberklassenmerkmalen gibt es Merkmale, die genauer den Artikulationsort und die Artikulationsart spezifizieren.

Beim *Artikulationsort* ist relevant, ob der Zungenrücken (Dorsum) nach hinten verlagert wird oder nicht. Dies ist bei unseren Beispiellauten nicht der Fall, sodass beide durch das Merkmal [-hinten] bestimmt sind (+hinten wird auch synonym mit dem Merkmal [dorsal] verwendet). Weiterhin wird der Zungenrücken nicht angehoben [-hoch] und die Lippen sind bei der Bildung beider Laute beteiligt [+labial]. Da beide labial spezifiziert sind, können sie nicht, wie z.B. [t] oder [s], mit der Zungenspitze bzw. dem Zungenkranz (Corona) produziert werden, sodass für sie das Merkmal [-koronal] gilt.

Die *Artikulationsart* der beiden Laute zeigt einen Unterschied in der Blockierung des Luftstroms innerhalb des Mundraums. Bei [b] ist eine solche Blockade vorhanden, was mit dem Merkmal [-kontinuierlich] gekennzeichnet wird. Entsprechend ist [v] für das Merkmal [+kontinuierlich] spezifiziert. In den anderen Artikulationsart-Merkmalen finden wir wieder Übereinstimmung. Bei beiden Lauten findet kein Verschluss in der Mundraummitte mit vorhandener freier Seitenpassage statt (wie bei dem Laut [l]), sie sind also [-lateral], werden nicht wie Nasallaute mit gesenktem Velum gebildet [-nasal] und bei beiden führt ein Verschluss der Stimmlippen zu einer Schwingung derselben [+stimmhaft].

Auch wenn wir die zwei Laute [b] und [v] also völlig unterschiedlich wahrnehmen, unterscheiden sie sich nur in dem Merkmal [kontinuierlich]. In der folgenden Matrix sind die Phoneme des Deutschen und die sie konstituierenden Merkmalsmengen dargestellt (nach Ramers 2001)[8]:

8 Vokale stellen äußerst robuste Einheiten in der Sprachverarbeitung dar, d.h., sie sind im Gegensatz zu Konsonanten weniger störanfällig. Deshalb wird in diesem Buch der Fokus auf konsonantische Merkmalsmengen gelegt. Selbstverständlich bilden vokalische Merkmalsmengen aber ebenso Phoneme des Deutschen.

	p	b	f	v	t	d	s	z	ʃ	ʒ	ç	j	k	g	x	m	n	ŋ	l	R
kons	+	+	+	+	+	+	+	+	+	+	+	+	+	+	+	+	+	+	+	+
son	-	-	-	-	-	-	-	-	-	-	-	-	-	-	-	+	+	+	+	+
hint	-	-	-	-	-	-	-	-	-	-	-	-	+	+	+	-	-	+	-	+
hoch	-	-	-	-	-	-	-	-	+	+	+	+	+	+	+	-	-	+	-	-
lab	+	+	+	+	-	-	-	-	-	-	-	-	-	-	-	+	-	-	-	-
kor	-	-	-	-	+	+	+	+	+	+	-	-	-	-	-	-	+	-	+	-
kont	-	-	+	+	-	-	+	+	+	+	+	+	-	-	+	-	-	-	+	+
lat	-	-	-	-	-	-	-	-	-	-	-	-	-	-	-	-	-	-	+	-
nas	-	-	-	-	-	-	-	-	-	-	-	-	-	-	-	+	+	+	-	-
sth	-	+	-	+	-	+	-	+	-	+	-	+	-	+	-	+	+	+	+	+

Tab. 2: *Merkmalsmatrix*

Die Graustufen-Markierungen in Tabelle 2 markieren die verschiedenen Unterklassen der Konsonanten, die mithilfe weiterer Merkmale definiert werden können:

Plosive (p, b, t, d, k, g) = [+kons], [-son], [-kont]
Frikative (f, v, s, z, ʃ, ʒ, ç, x) = [+kons], [-son], [+kont]
Nasale (m, n, ŋ) = [+kons], [+son], [+nasal] ([-kont])
Liquide (l, R) = [+kons], [+son], [-nasal] ([+kont])

Das physikalische bzw. phonetische Signal ist im Gegensatz zu den dargestellten diskreten Merkmalen kontinuierlich, d.h., es hat in sich keine unterscheidbaren, diskreten Einheiten, wie das folgende Spektrogramm des Satzes *Wir haben ein großes Haus* verdeutlicht:

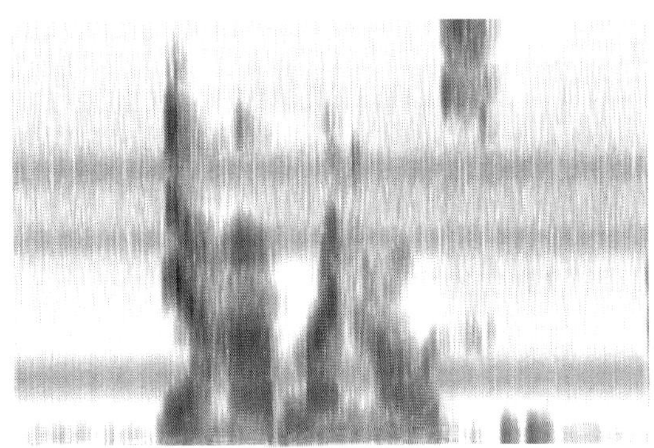

Abb. 1: *Spektrogramm*

Auch in der phonetischen Transkription (siehe Beispiel 2) fällt auf, dass es zu Ausspracheschwankungen kommen kann, die durch die artikulatorische Umgebung bedingt sein können. Dieses Phänomen, dass ein Laut sich in seiner Artikulation an einen benachbarten Laut anpasst, wird Koartikulation genannt. Es handelt sich genauer darum, dass sich die Artikulatoren bei der Bildung eines Lautes bereits in der Stellung des folgenden Lautes oder noch in derjenigen des vorangegangenen Lautes befinden. So überträgt sich im Beispiel die labiale Produktion des [b] auf das folgende [n], sodass es als [m] realisiert wird.[9]

2	Wir haben ein großes Haus [viɐhabmaiŋgRosəshaos]

Wenn aber nun ein Mensch vielleicht 60.000 Wörter kennt, ist es nicht sehr wahrscheinlich, dass er auch 60.000 Laute wahrnehmen kann und jede einzelne Variante eines produzierbaren Lautes in seinem Gehirn abgespeichert hat (vgl. Pinker 1996: 188). Vielmehr besitzen wir, wie in Abschnitt 2.1 angedeutet, eine wesentlich ökonomischere, eine sogenannte kategoriale Wahrnehmung. Genau hier hat die Einteilung in solche diskreten Merkmale eine duale Funktion (vgl. Calabrese 2009).

Zum einen bilden sie eben ein optimales Hilfsmittel für die menschlichen Gedächtnissysteme, indem sie ein Phonem eineindeutig von einem anderen abgrenzen. So können mithilfe des merkmalbasierten kombinatorischen Prinzips tausende Wörter aus einigen immer gleichen Teilen zusammengesetzt werden. Zum anderen stellen sie eine wichtige Steuerungsinformation für Sprachproduktion und -perzeption dar. Im Spracherkennungsmodell von Stevens (2002) kontrollieren phonologische Merkmale die Verbindung zwischen akustischen und artikulatorischen Informationen. So ist z.B. die Vor- und Rückwärtsbewegung des Zungenkörpers mit spezifischen Unterschieden in der Frequenz des zweiten Formanten korreliert. Genau diese Korrelation wird durch das Merkmal [hinten] gesteuert.

Ungeachtet dessen, wie das phonetische Signal letztlich beschaffen ist, d.h., ob Sie während des Sprechens etwas im Mund oder einen über den Durst getrunken haben, ob Sie schnell oder langsam reden usw., das Sprachsystem wird das phonetische Signal so analysieren, dass es innerhalb eines bestimmten Spektrums als einem Phonem zugehörig wahrgenommen wird. Eine mentale Reprä-

9 Da bei Koartikulation immer artikulatorisch-kontextuelle Faktoren eine Rolle spielen, ist sie eben nicht phonologisch. Phonologische Fehlleistungen, wie sie z.B. bei Versprechern stattfinden, sind nicht an solche Faktoren gebunden und können aufgrund ihrer Abstraktheit auch über Wortgrenzen hinweg stattfinden.

sentation, hier das Phonem, kann also auf ganz unterschiedliche Weise physikalisch realisiert sein, genauso wie das Schreiben des Buchstabens <B> oder das Werfen eines Balls auf mannigfaltige Art und Weise geschehen kann und man sie trotz der Variation immer als entsprechenden Typen einer jeweiligen Handlung klassifiziert (siehe Abbildung 2).

Abb. 2: *Physikalisch vs. mental*

Man spricht insofern auch von multipler Realisation einer mentalen Repräsentation und in diesem Kontext vertrat schon der Philosoph René Descartes (1596-1650) die wichtige These, „daß menschliches Handeln und Wahrnehmen intellektueller sind, als es den Anschein hat, und zwar insofern, als diese immer Denken, Ideen oder Geist mitenthalten." (Rée 1975: 98).

Welches phonetische Signal nun letztlich einen phonemischen Wert zugewiesen bekommt, ist selbstverständlich von Sprache zu Sprache unterschiedlich. So macht es im Thai einen Bedeutungsunterschied, ob ein Laut aspiriert produziert wird oder nicht, während im Deutschen Aspiration (mit kleinem h gekennzeichnet) keinen phonemischen Status erhält (nach Ramers 2001; vgl. Kapitel 2.1):

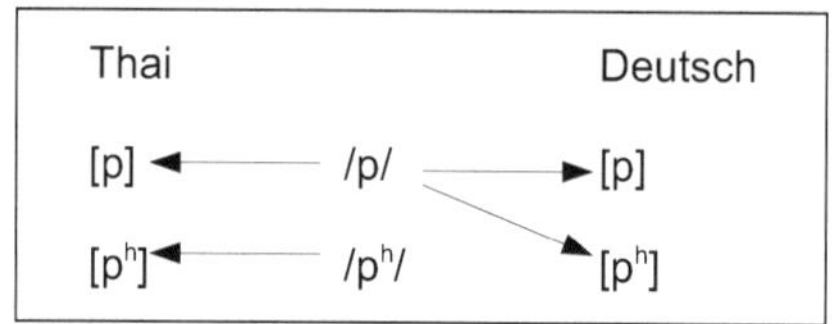

Abb. 3: *Phonologische vs. phonetische Merkmale*

Nicht-lineare Phonologie

In der bislang vorgestellten Konzeption war die Anordnung der Merkmale nicht relevant. So wurde in früheren Arbeiten zur Phonologie (z.B. Chomsky & Halle 1968) eine lineare Abfolge von Bündeln ungeordneter Merkmale angenommen:

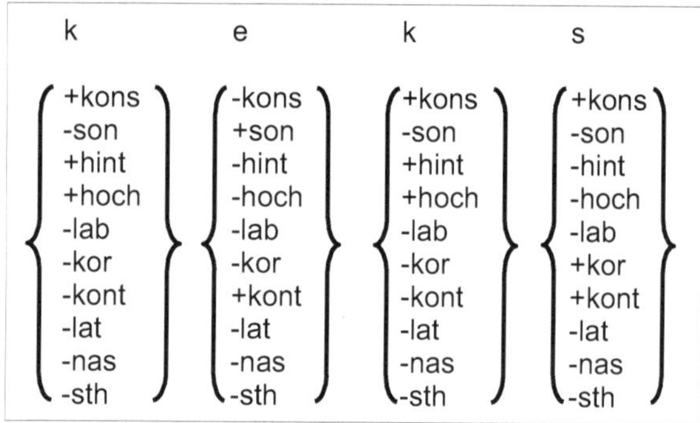

Abb. 4: *Merkmalsbündel*

Wenn ein Merkmal dieser linearen Merkmalsmengen verändert wird, ändert sich somit auch automatisch das jeweilige Phonem, das ja nur durch diese definiert ist. Vor allem in den Arbeiten von Goldsmith (1979, 1990) wurde darauf hingewiesen, dass bestimmte Merkmale in einem gewissen Sinne diskontinuierlich erscheinen, d.h., sie sind nicht definitiv einer Merkmalsmenge und ihrer Position zugeordnet, sondern können sich autonom über verschiedene Merkmalsmengen und Positionen hinweg verteilen. Ein Beispiel aus der Bantusprache Bakwiri, in der bei einer Spielsprache die Silben von zweisilbigen Wörtern vertauscht werden (Durand 1990, zitiert nach Hall 2000: 156; die kontrastiven Töne sind mit kleinen Strichen über den Vokalen gekennzeichnet):

3 a	[kwélí] ← [líkwé]	Bedeutung: „tot“
b	[kwélì] ← [líkwè]	Bedeutung: „fallend“

Nach 3a. könnte man meinen, dass bei einer Vertauschung der Silben automatisch auch die Töne mitvertauscht werden. In 3b. sieht man aber, dass ì zu í und é zu è wird. Es scheint also nicht einfach eine lineare Abfolge verschoben zu werden, bei der die Tonmerkmale für ein Phonem bzw. einer Merkmalsmenge gleich bleiben, sondern es findet eine neue Zuordnung von Tonmerkmalen statt. Genauer bleiben die Tonmerkmale an ihrer Position und die Merkmale von /i/ und /e/ werden mit ihnen assoziiert (Hall 2000: 157; H = hoher Ton, T = tiefer Ton):

4

k^W e l i → l i k^W e (= [lík^Wè])

H T H T

Die Zuordnung respektive die Assoziation von der grundlegenden Merkmalsmenge, welche das eigentliche Phonem definiert, und dem Tonmerkmal findet also zwischen zwei unabhängigen Ebenen statt. Die Tonmerkmale sind solchermaßen auf einer eigenen Ebene repräsentiert und verhalten sich autonom gegenüber der sogenannten Segmentschicht.[10] In diesem Sinne wird die phonologische Theorie, die Interaktionen voneinander unabhängiger Ebenen phonologischer Repräsentationen untersucht, autosegmentale Phonologie genannt.

Obige Assoziation zwischen den Ebenen kann man derart formalisieren (F = Feature/Merkmal):

5 Ein Segment – ein Merkmal

X

[+F]

Weitere Assoziationen, die an dieser Stelle aber nicht genauer erläutert werden sollen (für einen Überblick siehe Dinnsen 1997 oder Kenstowicz 1994), sind folgende:

10 Ein Segment wird bei Goldsmith (1990: 10) als die minimale Einheit einer phonologischen Repräsentation verstanden.

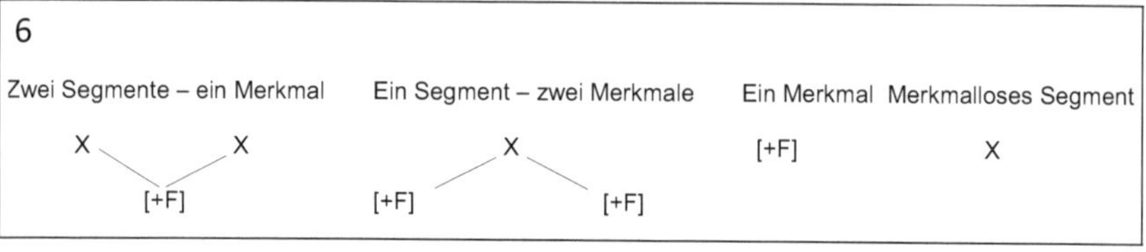

Die Annahmen der autosegmentalen Phonologie, dass Merkmale auf verschiedenen Ebenen organisiert sind und auf verschiedene Weise miteinander assoziiert sein können, gingen auch in die Theorie der Merkmalsgeometrie ein. Clements (1985) machte darauf aufmerksam, dass alle Merkmale quasi geometrisch organisiert sind, d.h., sie zeigen eine definierte Abfolge und in dieser Abfolge kann man Dominanzbeziehungen zwischen den einzelnen Merkmalen beobachten. Es gibt bis heute leider keinen Konsens darüber, welche spezifische Merkmalsgeometrie die adäquateste ist und die vorgeschlagenen Aufbauten unterscheiden sich zum Teil erheblich. Die folgende Geometrie basiert auf McCarthy (1988), van Oostendorp (2005) und Avery & Rice (1989).

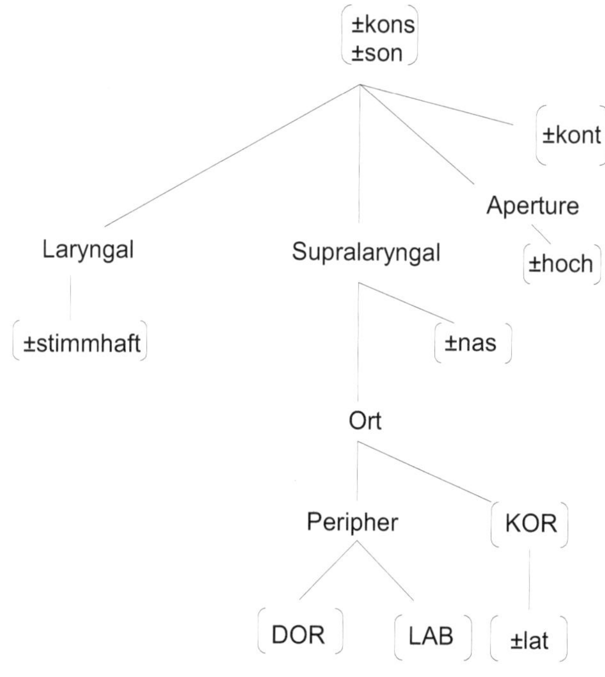

Abb. 5: *Merkmalsbaum*

Was man mit einer solch hierarchischen Anordnung erklären kann, ist z.B., warum bei einigen phonologischen Prozessen ganze Gruppen von Merkmalen erfasst werden und bei anderen nicht. Die Assimilation von /n/ an das Ortsmerkmal von /k/ soll dies verdeutlichen:

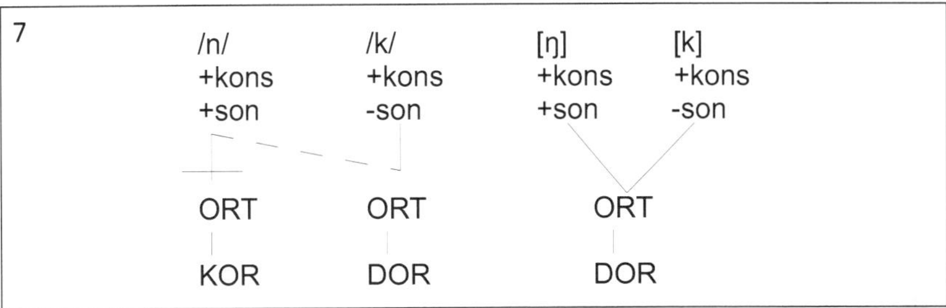

In der Geometrie höher liegende Merkmale implizieren die Merkmale, die direkt unter ihnen angeordnet sind. Da das Merkmal [dorsal] unter dem Ortsknoten angesiedelt ist, in ihm also mitrepräsentiert wird, verändern sich bei einer Ortsassimilation zugleich alle entsprechenden Merkmale mit. Die Assimilation findet hier von rechts nach links statt, was durch die gestrichelte Linie angezeigt wird. Dieses Ausbreiten eines Merkmals eines Phonems zu einem anderen hin bezeichnet man Ausbreitung (engl. Spreading). Wie man anhand des Querstrichs sieht, wird dadurch das eigentliche Ortsmerkmal von /n/ neutralisiert, es findet eine Entkopplung (engl. Delinking) statt. Das Ortsmerkmal wird erst per phonologischer Regel zugewiesen. Dies finden wir in obligatorischen phonologischen Prozessen wie der Velarisierung von [n] wie in

8 a	Tang → Ta[ŋ]
b	Tank → Ta[ŋ]k

Hier erhält der abstrakte NASAL sein Ortsmerkmal [+hinten] mit der Regel der Velarisierung.
Auch in Versprechern zeigt sich dieser abstrakte NASAL [n]:

9	Bauerntömpel ← Bauerntölpel

Zunächst wird das [n] aus dem linken Rand der Silbe von Bau-ern perseveriert, das darauf an den folgenden labialen Obstruenten [p] angepasst wird, d.h. sein Ortsmerkmal erhält.

In Abbildung 5 sind zudem Aspekte der Spracherwerbsforschung eingeflossen. Wie wir in Kapitel 4 sehen werden, fungieren Merkmale, die direkt unter einem Knoten angesiedelt sind, häufig als Substitut für tiefer liegende Merkmale, die noch nicht erworben sind. Diese Erkenntnis ist vor allem in die Anordnung der Ortsmerkmale eingegangen (vgl. Avery & Rice 1989).

Optimalitätstheorie

Eine Frage, die wir in Kapitel 4 ausführlich diskutieren werden, ist, ob und inwiefern man annehmen kann, dass im Spracherwerb die phonologischen Repräsentationen im mentalen Lexikon eine Eins-zu-eins-Übereinstimmung mit den Produktionen von Erwachsenen zeigen. Von einer solchen Passung wird im gängigen optimalitätstheoretischen Ansatz ausgegangen. Die Optimalitätstheorie (OT) wurde 1993 von Alan Prince und Paul Smolensky begründet. Dieses Modell ist nicht nur auf die Phonologie anwendbar, hat in diesem Forschungsfeld aber den größten Anklang gefunden.

In der OT wird davon ausgegangen, dass für ein zu produzierendes Wort die zielsprachliche Erwachsenenform als *Input* gilt. Ist ein Input gegeben, wird von einem Generator (GEN) eine (unendliche) Menge an Kandidaten, ein sogenanntes Kandidatenset, ausgeworfen. Die Entscheidung, welcher Kandidat der geeignetste bzw. der optimale ist, wird durch ein Bewertungssystem, den Evaluator (EVAL), getroffen. Dies geschieht durch ein Filtersystem verschiedener Beschränkungen (Constraints). Der Kandidat, der die wenigsten Beschränkungen verletzt, wird als optimaler Kandidat als Output produziert:

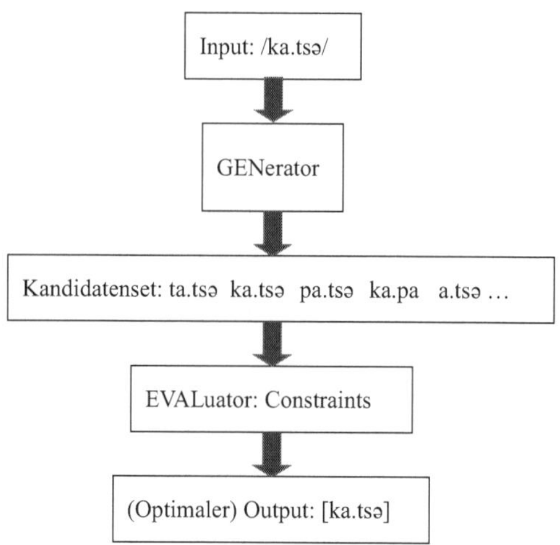

Abb. 6: *Modell der Optimalitätstheorie*

Die Constraints sind natürlich nicht in allen Sprachen und auf allen Spracherwerbsstufen gleich wichtig, sonst wären alle Grammatiken gleich und es gäbe keine nicht-zielsprachlichen Produktionen im Spracherwerb. Wichtigkeit und Prominenz von Beschränkungen sind veränderlich, es kann also eine Verschiebung der Gewichtung geben. Zwei generelle, gegenläufige Tendenzen bestimmen die Art der Constraints: Markiertheit und Treue. Man geht davon aus, dass den spezifischen zielsprachlichen Formen „treue" (also mit ihnen übereinstimmende) Repräsentationen auch die Formen sind, die schwieriger sind und am Anfang des Erwerbs nicht sehr hoch gewichtet werden. Deshalb ist die Anfangseinstellung des Sprachsystems erst einmal derart, dass unmarkierte Constraints primär sind. Man kann sich dies ein wenig wie ein Rechnersystem vorstellen, welches für jeden Benutzer erst einmal eine Grundeinstellung besitzt, für den spezifischen Gebrauch des jeweiligen Anwenders aber spezielle Einstellungen braucht, die erst nach und nach vorgenommen werden können.

Markiertheit: Nur unmarkierte Strukturen sollen vorkommen.
Treue: Eigenschaften des Inputs sollen erhalten bleiben (phonologisch = phonetisch).

Die Gewichtung der Constraints relativ zueinander wird auch als Ranking bezeichnet. Man spricht auch davon, dass ein höher gerankter Constraint einen niedrigeren dominiert (formal: A»B bedeutet: Constraint A dominiert Constraint B; B»A bedeutet: Constraint B dominiert Constraint A). Nun muss ein optimaler Kandidat nicht alle Constraints erfüllen, er ist ja nur der optimale Kandidat, weil die anderen schlechter geeignet sind und er in der gesamten Menge bei einem gegebenen Ranking der Constraints am besten abschneidet. Man verwendet zur formalen Beschreibung in der OT sogenannte Tableaus. In der äußersten linken Spalte finden Sie von oben nach unten den Input (also das Zielwort) und folgend die möglichen Kandidaten. In den weiteren Spalten finden Sie oben die Constraints und nach unten hin die Beschreibung, ob diese von einem Kandidaten erfüllt (Feld bleibt leer) oder verletzt (mit einem Asteriks * gekennzeichnet) werden. Höher gewichtete Constraints stehen weiter links und nach rechts nimmt die Wichtigkeit der Erfüllung einer Beschränkung in der Regel ab. In unserem Beispieltableau ist Constraint A höher gewichtet als Constraint B. Kandidat 1 verletzt Constraint A, Kandidat 2 Constraint B. Da Constraint A höher gerankt ist als B, gilt seine Verletzung als gravierender, sodass es eine fatale Verletzung ist, die zum Ausschluss des Kandidaten 1 führt (gekennzeichnet mit dem „!" hinter dem *). Somit ist in diesem Tableau Constraint B optimaler und wird als Output produziert.

INPUT	A	B
Kandidat 1	*!	
Kandidat 2		*

Tab. 3: *Optimalitätstheoretisches Ranking*

Am Beispiel der Auslautverhärtung wollen wir noch einmal verdeutlichen, wie die Interaktion von Markiertheit- und Treueconstraints Unterschiede zwischen Sprachen beschreibbar macht. Ein Treueconstraint wäre hier, dass das Merkmal [+stimmhaft] einer Inputform auch in der korrespondierenden Outputform erhalten bleibt. Für diese Beschränkung benutzen wir nun die Abkürzung IDENT-IO (Identität von I[nput] und O[utput]). Ein gegenläufiger Markiertheitsconstraint wäre nun, dass Obstruenten am Silbenende (in der Silbenkoda) nicht stimmhaft sein dürfen (man beachte, dass Verbote und Verletzungen mit „*" gekennzeichnet sind). Dies wird verkürzt als *STIMMHAFTE KODA wiedergegeben.
Da im Deutschen die Auslautverhärtung regelhaft realisiert wird, ist folgendes Tableau anzunehmen:

INPUT: /bund/	*STIMMHAFTE KODA	IDENT-IO
[bunt]		*
[bund]	*!	

Tab. 4: *Auslautverhärtung Deutsch*

*STIMMHAFTE KODA ist höher gerankt als IDENT-IO, weil die Auslautverhärtung systematisch im Deutschen vorkommt. Der Kandidat [bund] verletzt damit den höchsten Constraint, während [bunt] diesen erfüllt, aber nicht die Identität von Input und Output verletzt. So scheidet [bund] wegen der fatalen Verletzung aus und [bunt] wird vorgezogen. Wie kann man sich die Interaktion der gleichen Constraints nun in einer Sprache vorstellen, in der keine Auslautverhärtung vorkommt, dem Englischen z.B.? Das nächste Tableau gibt den Unterschied zum Deutschen wieder:

INPUT: /cab/	IDENT-IO	*STIMMHAFTE KODA
[cap]	*!	
[cab]		*

Tab. 5: *Auslautverhärtung Englisch*

Man kann an diesem Beispiel erkennen, dass es das Ranking gleichbleibender Constraints ist, welches letztlich zu unterschiedlichen Outputs führt. Im Englischen ist IDENT-IO höher gewichtet als *STIMMHAFTE KODA, sodass eine Form mit dem Merkmal [-stimmhaft] am Silbenende wie [cap] im Gegensatz zum Deutschen eine fatale Verletzung darstellt. Mit einer optimalitätstheoretischen Beschreibung kann man also sehr gut darstellen, wieso bestimmte Unterschiede zwischen den phonologischen Formen verschiedener Sprachen, aber auch zwischen Erwerbsverläufen vorhanden sind. Betonen muss man aber, dass die OT letztlich eine Gewichtung von Repräsentationen beschreibt, nicht diese selbst. D.h., was z.B. eine Silbenkoda ist und wie sie auf der CV-Schicht repräsentiert wird, ist in der OT vorausgesetzt. Sie arbeitet also im Grunde mit einem phonologischen Vokabular anderer Teilbereiche (Merkmale, Silbenpositionen, Silbenkonstituenten, prosodische Einheiten usw.) und gibt an, wieso welche Repräsentationen zu einem jeweiligen Zeitpunkt innerhalb eines Sprachsystems wahrscheinlicher auftreten als andere.

Phonologie der Deutschen Gebärdensprache

Den aufmerksamen Leser wird es nicht verwundern, dass wir auch für Gebärdensprachen den Ausdruck Phonologie verwenden. Denn zum einen bezeichnet Phonologie jenes Modul der Grammatik, das die Regularitäten der submorphemischen Ebene charakterisiert, also von den kleinsten Einheiten, den Merkmalen, bis hin zu Strukturen der metrischen Einheit Silbe behandelt. Und zum anderen bezeichnet der Ausdruck „phonologische Merkmale“ nicht phonetische, sondern relativ abstrakte formale Eigenschaften von Phonemen und ihrer Rolle in phonologischen Regeln (vgl. Kapitel 2.1).

Mit dieser formalen Konzeption von Phonologie können wir modalitätsunabhängig arbeiten. Gebärdensprachen verfügen zwar über eine andere Sprachverarbeitungsmodalität als Lautsprachen. Lautsprachen sind akustisch-artikulatorische Systeme, Gebärdensprachen visuell-gestische Systeme. Gebärdensprachliche phonologische Einheiten werden demgemäß mit den Händen, also manuell, realisiert. Jeder gebärdensprachliche Ausdruck (Morpheme, Silben, Wörter) setzt sich aus Merkmalen von mindestens drei, maximal vier Oberklassenmerkmalen zusammen: Handform, Handorientierung, Ausführungsort und Bewegung. Ein erster, wie wir ja wissen, vorläufiger Test zur Identifikation systematischer Merkmale der jeweiligen Gebärdensprache, in unserem Fall der Deutschen Gebärdensprache, ist Minimalpaarbildung. Wir begnügen uns allerdings nicht damit, sondern führen wie in unserer Darstellung der lautsprachlichen Phonologie als Belege sprachliche Fehlleistungen an, in denen genau diese Merkmale betroffen sind. Somit sind diese Merkmale psychologisch reale Merkmale der Sprachplanung und öffnen uns andererseits ein Fenster zur Sprachstruktur.[11]

11 Die Vergebärdler stammen aus dem Frankfurter Vergebärdler-Corpus (Happ & Vorköper 2006; Leuninger 2003; eine präzise Darstellung der phonologischen Merkmale findet sich in Prillwitz 2005).

Phonologische Merkmale

Handform

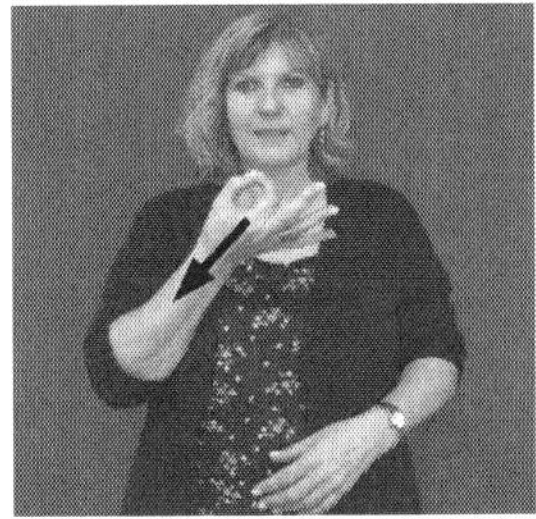

FRAGEN DANKEN

Abb. 7: *Handformen*

Die Merkmale Handorientierung, Ausführungsstelle und Bewegung sind identisch, nur die Handformen sind unterschiedlich. Dass ein Handformmerkmal ein unabhängiges Merkmal ist, zeigt der folgende Vergebärdler (Wörter in Majuskeln sind Gebärdenwörter):

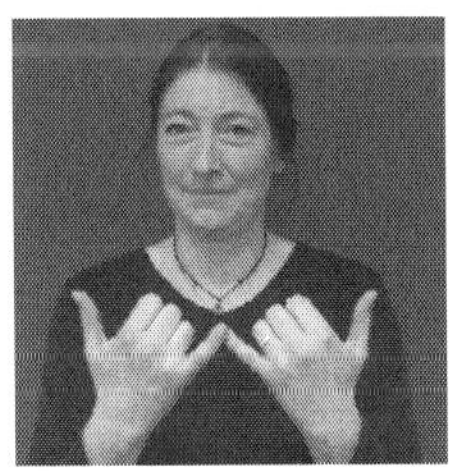

Abb. 8: *Fehler: SEINE mit der Handform von ELTERN* *Korrekt: SEINE*

Die Gebärde SEINE wird fälschlicherweise mit der vorweggenommenen Handform von ELTERN ausgeführt.

Handorientierung

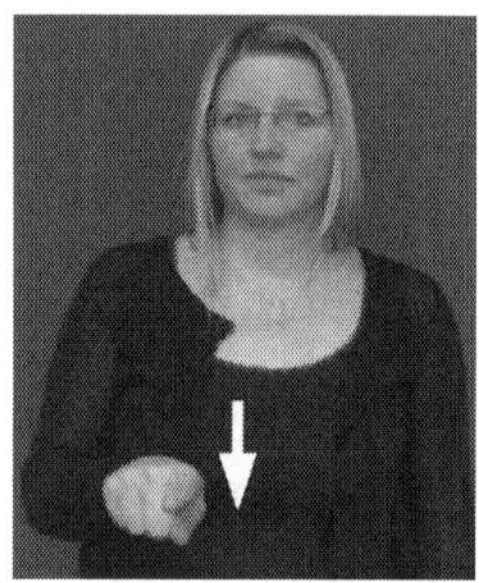

MONAT HUNDERT

Abb. 9: *Handorientierung*

Die Merkmale Handform, Ausführungsstelle und Bewegung sind identisch, nur die Handorientierungen sind unterschiedlich:

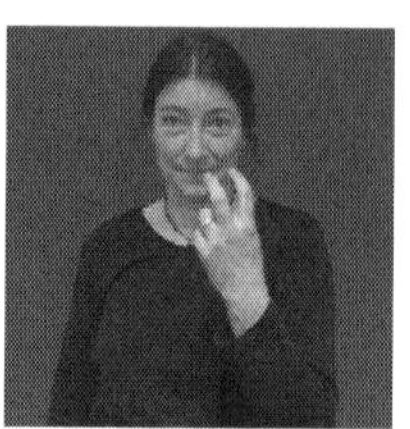

LOCH WO FEHLER korrekt: SUCHT

Abb. 10: *„Er sucht, wo das Loch ist"*

Das Verb SUCHT wird fälschlicherweise mit der perseverierten Handorientierung von LOCH ausgeführt.

Ausführungsstelle

FLEISCH ARZT

Abb. 11: *Ausführungsstelle*

Die Merkmale Handform, Handorientierung und Bewegung sind identisch, nur die Ausführungsstellen sind unterschiedlich.

Bewegung

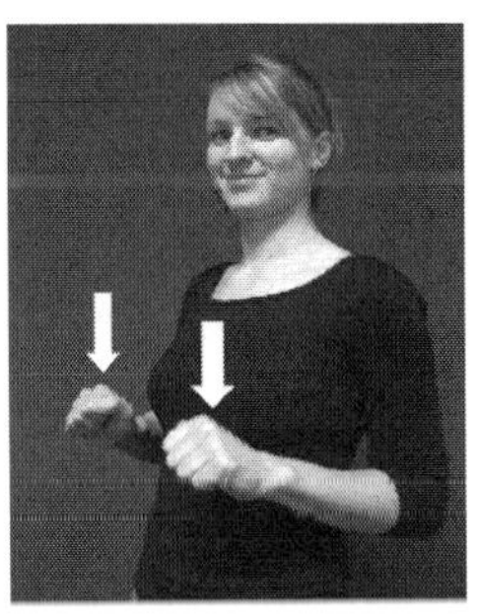

VERREISEN KÖNNEN

Abb. 12: *Bewegung*

Die Merkmale Handform, Handorientierung und Ausführungsstelle sind identisch, nur die Bewegungen sind unterschiedlich.

Vergebärdler

FEHLER

BUCH

korrekt: REZEPT

Abb. 13: *Rezeptbuch*

Bei diesem Vergebärdler wird in dem (Lehn)kompositum REZEPTBUCH der erste Bestandteil fälschlicherweise mit der Bewegung von BUCH gebärdet.

Je nach Einschätzung bestimmter Handformen (Varianten eines Merkmals oder zwei Merkmale) geht man von 30 bis 34 unterschiedlichen Handformen aus. Kombiniert mit den unterschiedlichen Handorientierungen, Ausführungsstellen (im Prinzip alle Stellen im sog. Gebärdenraum) und den unterschiedlichen Bewegungen ergibt sich eine unendliche Vielfalt von Kombinationsmöglichkeiten, die einen reichhaltigen Wortschatz ermöglichen.

Abb. 14: *Gebärdenraum*

Motorisch gesehen lassen sich beliebig viele Handformen bilden, dies ist jedoch kein interessantes Kriterium, sondern die unterschiedlichen phonologischen Inventare der Gebärdensprachen.[12]

12 Wie viele Gebärdensprachen es gibt, ist unklar. Für ca. 130 Gebärdensprachen liegen Forschungsarbeiten vor (www.ethnologue.com/show_familiy.asp?subid=23-16). Die jeweiligen Gebärdensprachen haben auch unterschiedliche Handforminventare. Lediglich sechs Handformen kommen in allen Gebärdensprachen vor, sie gelten als unmarkierte oder wenig markierte Handformen und werden auch als erste erworben (vgl. Kapitel 6.2).

Zweihandgebärden

Manche Gebärden der DGS werden (notwendig) mit beiden Händen ausgeführt, z.B. die Gebärde SPIELEN.

SPIELEN

Abb. 15: *Zweihandgebärde*

Für die Kombination der Handformen der beiden Hände gelten allerdings strikte (phonotaktische) Regeln, die ebenso wenig wie das phonologische Inventar auf rein motorische Gegebenheiten zurückzuführen sind. Für unser Beispiel gilt die folgende Regel: Bewegen sich bei einer Zweihandgebärde beide Hände, so müssen sie dieselbe Handform haben. Für Gebärden wie

KAUFEN

Abb. 16: *Zweihandgebärde*

gilt folgende Regel: Haben bei einer Zweihandgebärde die beiden Hände unterschiedliche Handformen, so darf sich die nicht-dominante Hand[13] nicht bewegen. Dass Händigkeit ein phonologisches Merkmal ist, zeigt sich z.B. an folgendem Vergebärdler:

Fehler: KOPF

korrekt: KOPF

SALAT

Abb. 17: *Zweihandgebärde*

In dieser Zusammensetzung ist KOPF eine Einhandgebärde und SALAT eine Zweihandgebärde. Fälschlicherweise nimmt der Signer das Merkmal Zweihändigkeit bei der Ausführung der Einhandgebärde KOPF schon voraus.

2.3 Silben

Geht man davon aus, dass bestimmte sprachliche Einheiten wirklich in unserem sprachlichen System vorhanden sind, so muss man Belege für die Existenz dieser Einheiten anführen. Die Silbe ist wohl intuitiv für uns alle sehr zugänglich. Dennoch ist sie als eigenständige Einheit in der phonologischen Forschung sehr umstritten. Wiese (1996) nimmt an, dass vier Funktionen der Silbe auf ihre Existenz schließen lassen:

1) Die Silbe bildet eine **Verhaltenseinheit**, weil es dem Sprecher einer Sprache leichter fällt, Äußerungen in Silben zu zerlegen als z.B. in Morpheme oder Laute. Zudem ist die Silbe als Einheit im Spracherwerb früh zugänglich (vgl. Kapitel 1.2), während sich die Fähigkeit zur Segmentierung von Lautketten in Einzellaute wahrscheinlich erst parallel zum Schriftspracherwerb entwickelt,
2) Die Silbe ist eine Einheit, in der Abfolgebeschränkungen für Laute (**Phonotaktik**) wirksam sind. Z.B. gibt es Morpheme wie [ʔa:tm], in welche ein Schwa eingefügt werden muss, damit sie als Silben wohlgeformte Silben sind ([ʔa:təm]).

13 Je nach Händigkeit die rechte oder die linke Hand.

3) Die Silbe ist für die **Anwendung phonologischer Regeln** wichtig. Die im Deutschen vorhandene Regel der Auslautverhärtung hat als Kontext die Silbe. Das bedeutet, stimmhafte Segmente am Ende einer Silbe werden stimmlos produziert (z.B. [hant.luŋ]).
Für das [t] ist die Auslautverhärtungsregel verantwortlich.

10	[-son] → [+stimmhaft]/_____]σ

Die Anwendung dieser Regel bezieht sich auf das gesamte phonologische System des Deutschen. [-son] ist ein Oberklassenmerkmal. Gibt es z.B. im phonologischen System keine [+stimmhaft] Variante des betreffenden Phonems, läuft die Regel leer. Aber wir können sprecherspezifische Variationen sehr genau erfassen. Eine Sprechergruppe realisiert Hebamme als [he:pʔamə], die andere als [he:bamə]. Mit dem Konzept der Silbe und ihrer Grenze ist diese Variation unmittelbar zu erklären: Gruppe eins segmentiert nämlich [he:p σʔamə] und Gruppe zwei [he: σ bamə]. Dazu enthält die phonologische Theorie das Konzept der Regelordnung, das Sie etwa an folgender Variation erkennen können. Auch hier gibt es wieder zwei Sprechergruppen, die z.B. das Wort Lesung unterschiedlich realisieren: Gruppe eins als [le:zuŋ] und Gruppe zwei als [le:zuŋk]. Hier kommen zwei Regeln ins Spiel, die Velarisierung des [n] zu [ŋ] und die Auslautverhärtung. Gruppe eins wendet nur die Velarisierung von [n] zu [ŋ] mit anschließender Tilgung des [g] an, Gruppe zwei wendet zunächst die Auslautverhärtung [g] zu [k] und dann die Velarisierung von [n] zu [ŋ] an unter Beibehaltung des [k], das ja nach Velarisierung nicht getilgt werden darf (vgl. z.B. [ta ŋk]).

4) Die Silbe ist zudem **Träger prosodischer Eigenschaften**. Die Betonung hängt im Deutschen vom Silbengewicht ab (siehe Kapitel 5.3).

Weitere Belege kommen aus der Versprecherforschung. Es gibt Versprecher,

in denen Silben hinzugefügt werden:

11	Auf der .Ba.**lu**.stra.de. .spa.**lu**.zie.ren ← spazieren (Leuninger 1996: 43)

in denen Silben vertauscht werden:

12	**Pi**.schel.**mu**.zza. ← .Mu.schel.pi.zza. (Leuninger 1996: 121)

manchmal ganz wegfallen:

13	.U.ni.ver.tät. ← U.ni.ver.**si**.tät. (Berg 1992:54, zitiert nach Meinschaefer 1998: 26)

die Positionen für Vertauschungen festlegen, hier der jeweilige Silbenonset:

14	Kussverletzungen am Schopf ← Schussverletzungen am Kopf

Jetzt haben wir einige Argumente dafür kennengelernt, weshalb die Silbe in unserem Sprachsystem als Einheit angenommen werden darf. Wenn eine Silbe aber nun aus Phonemen besteht, wie werden diese in ein Paket mit der Aufschrift Silbe zusammengefasst?

Um diese Frage zu beantworten, wurden verschiedene Modelle entworfen. Natürlich leuchtet es ein, dass eine Silbe nicht unendlich lang sein kann. Genauer muss man sagen, sie hat nur eine begrenzte zeitliche Dauer. Diese Beschränkung, wie lang bzw. kurz eine Silbe ist bzw. sein kann, wird in der Phonologie mittels bestimmter Zeichen angezeigt, nämlich C und V (für consonant [Konsonant] und vowel [Vokal]). Mithilfe dieser beiden Etiketten kann man bequem die zeitliche Dauer von Phonemen angeben. Normalerweise werden einfache Konsonanten mit einem C, Vokale mit einem V verbunden: Hier ein paar Beispiele:

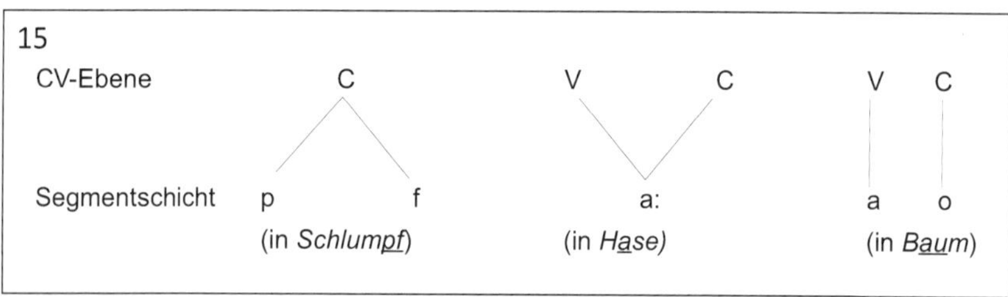

Die maximale Abfolge von Positionen, die in einer Silbe besetzt werden können, d.h. die maximale Dauer der deutschen Silbe, ist CCVCC, die minimale Dauer ist CVC[14].

14 Eine Ausnahme bildet die Silbe mit Schwa, die nur eine CV-Struktur benötigt, wie z.B. in [haː.zə].

In einem bekannten Modell, dem sogenannten Onset-Reim-Modell, kann man in dem großen Paket Silbe noch weitere kleine Pakete unterscheiden. Unterschieden werden ein Onset (O) am Anfangsrand der Silbe und ein Reim, der sich weiterhin in Nukleus (N) und Koda (K), den Endrand der Silbe, unterteilen lässt.

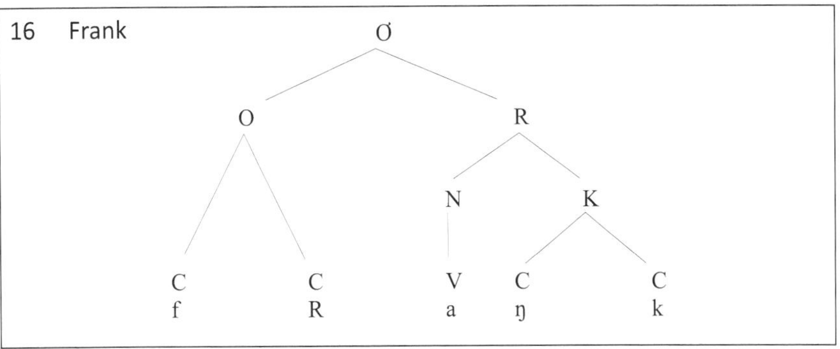

Auch in Versprechern kann ein gesamter Onset erfasst werden wie in:

17 Mein Geist war willig, doch mein Fleisch war flach ← schwach

Vokalische Anteile werden immer zum Nukleus gehörig analysiert, d.h., die Angabe der Dauer eines Langvokals und eines Diphthongs wird unter N verortet.

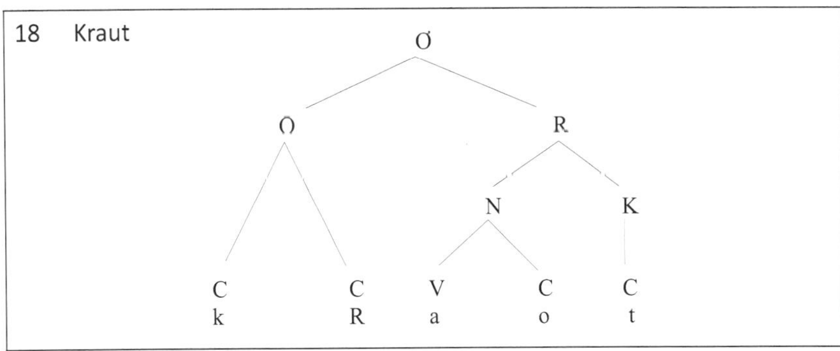

Es kommt vor, dass Konsonanten eine solch kurze Realisierungsdauer haben, dass sie Teil von zwei Silben sind. Aus diesem Grunde nennt man sie auch ambisilbische Konsonanten. Jeder kennt solche schnell gesprochenen Konsonanten wie in Teppich, Betten oder Kasse. Im Onset-Reim-Modell gibt man die Ambisilbizität wieder, indem der entsprechende Konsonant mit der Koda der ersten Silbe und dem Onset der zweiten Silbe verbunden wird. In Beispiel 19 ist das Wort

Matte analysiert, zudem ist dargestellt, wie Schwa-Silben analysiert werden. Die Koda kann hier aufgrund von Nichtbesetzung ausgelassen werden.

19 Matte

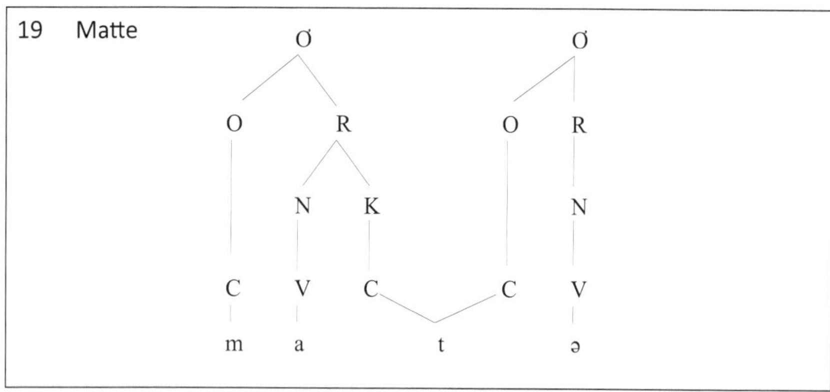

Dass es sich auch in der echtzeitlichen Verarbeitung um ambisilbische Konsonanten handelt, sieht man etwa an folgendem Versprecher (vgl. Keller & Leuninger 2004):

20 Walfenstillstand ← Waffenstillstand

Wegen der Silbenpositionsbeschränkung wird also das ambisilbische [f] durch [l] in der Koda ersetzt und der Versprecherherd, nämlich das [l] aus [ʃtil] befindet sich ebenso in der Koda.
Es dürfte dem aufmerksamen Leser inzwischen aufgefallen sein, dass in den besprochenen Strukturen immer nur ein vokalischer Nukleus vorhanden ist. Nun, genauso wie bestimmte Dinge, seien es Häuser, Autos oder Computer, bei allem individuellen Design einem allgemeinen Bauplan folgen, so hat auch die Silbe eine Grundarchitektur, die durch das allgemeine Silbenbaugesetz wiedergegeben wird:

Allgemeines Silbenbaugesetz
Der sonoranteste Laut in einer Silbe bildet den Silbenkern (Nukleus) oder Silbengipfel, während die Sonorität der Laute vor dem Silbenkern zunimmt und nach dem Silbenkern abnimmt.

Phoneme werden also nach der Eigenschaft Sonorität in einer Silbe angeordnet, die wir hier der Einfachheit halber als Grad der Wahrnehmbarkeit definieren wollen. Wir sprachen schon einmal von Beschränkungen der Anordnung von

Segmenten, Phonotaktik genannt. Das allgemeine Silbenbaugesetz spiegelt im Grunde die universelle Tendenz von Silben wider, nicht willkürlich aufgebaut zu sein. Phoneme müssen sich schön geordnet in einer Reihe anstellen, vom kleinsten zum größten sozusagen, und nur das größte, d.h. das wahrnehmbarste Phonem der jeweiligen Silbe darf in der Mitte stehen. Deshalb spricht man auch von der Sonoritätshierarchie.

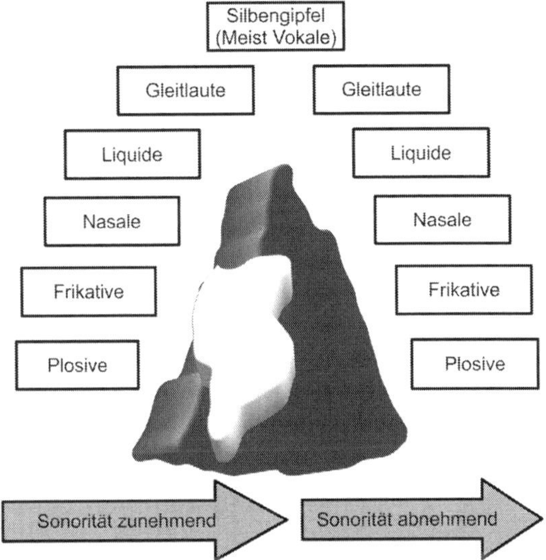

Abb. 18: *Sonoritätshierarchie*

Silben unterscheiden sich aber von Sprache zu Sprache. Wir hatten schon erwähnt, dass im Deutschen CCVCC die maximale Silbe ist, während CVC die minimale Silbe darstellt. In anderen Sprachen dagegen, wie z.B. im Hawaiianischen oder Japanischen, ist die maximale Silbe eine CV-Struktur. Wenn Sprachen eine CVC-Struktur, also geschlossene Silben, erlauben, erlauben sie auch CV-Silben. D.h., eine größere Struktur impliziert die Existenz der kleineren Strukturen, ein Phänomen, was in der Sprachwissenschaft Markiertheit genannt wird. Eine solche Gesetzlichkeit, dass manche Formen andere beinhalten, kann nun auch für Silbenpositionen und ihre Besetzung durch Phoneme angegeben werden. Manche Formen scheinen einfach phonologisch komplexer zu sein als andere und kommen deshalb seltener in Sprachen vor. Die Eigenschaft Sonorität kann uns hier helfen festzustellen, welche Formen komplexer sind als andere. Einerseits gibt Sonorität vor, in welcher Reihenfolge, also horizontal, Phoneme angeordnet werden können. Andererseits kann man vertikal mit ihrer Hilfe nun phonologische Komplexität bestimmen (vgl. Clements 1990):

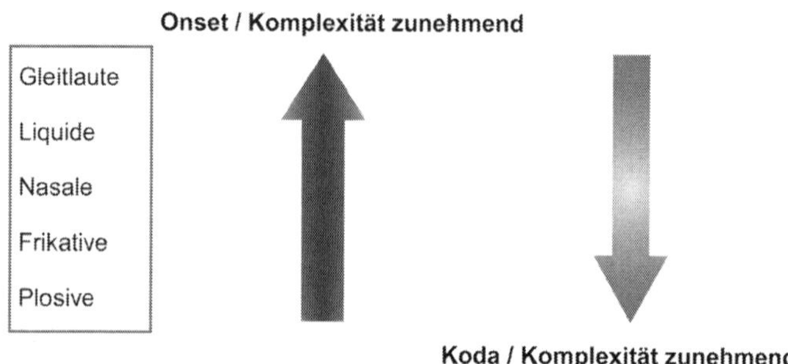

Abb. 19: *Phonologische Komplexität*

Man erkennt daran, dass je nachdem in welcher Position ein Phonem auftritt, also im Onset oder der Koda, eine genau spiegelbildlich bemessene Komplexität vorhanden ist. Man spricht insofern auch von sogenannten Demi- oder Halbsilben, wobei die Halbsilben ihre je eigene phonologische Komplexität haben und jeder Demisilbe der Vokal der gesamten Silbe zugeordnet wird.
Hier zwei Beispiele, die Wörter *Ball* und *Lack*:

21

Initiale Demisilbe	finale Demisilbe
[ba] = geringe Komplexität	[al] = geringe Komplexität
[la] = hohe Komplexität	[ak] = hohe Komplexität

Das Konzept der Demisilben und deren phonologischer Komplexität kommt ursprünglich aus der Untersuchung der formalen Struktur verschiedener Sprachen (Typologie), ist aber auch in Psycho- und Neurolinguistik angewendet worden. So konnte z.B. Christman (1992) zeigen, dass Jargon-Aphasiker (eine Unterart der Wernicke-Aphasie) tendenziell Demisilben mit geringer phonologischer Komplexität produzieren (z.B. Formen wie [befeta] oder [gəvenəlt] mit den Demisilben-Abfolgen PV-V/FV-V/PV-V bzw. PV-V/FV-V/NV-VLP [Stenneken u.a. 2005]). Dies konnte auch in neueren Studien zu deutschsprachigen Aphasikern bestätigt werden (ebd.). Insofern kann man davon ausgehen, dass Demisilben ebenso wie Silben eine psychologisch reale Einheit im Sprachsystem darstellen. In einer Studie von Dümig u.a. (i. Vorb.) konnte gezeigt werden, dass das Sprachplanungssystem von Aphasikern unterschiedlicher Symptomatik auf Sonorität zurückgreift, wenn die Zeitstruktur von Silben ihre Berechnungskapazität extrem beansprucht.

Silben in der Deutschen Gebärdensprache

Neben der linearen Struktur, so haben wir eben gesehen, gibt es also hierarchische phonologische Strukturen, eine davon ist die Silbe. Die Silbe ist eine metrische Einheit mit verschiedenen Schichten. Jede Silbe enthält ein Sonoranzmaximum, wobei Sonoranz keine rein phonetische Eigenschaft ist, sondern eine formale, u.U. perzeptuelle. Somit können wir Silben als modalitätsunabhängige, unterschiedlich komplexe Struktureinheiten von Sprachen auffassen. Für Gebärdensprachen gilt: Der Silbenknoten dominiert die Schicht Hold-Movement-Hold, diese Konstituenten wiederum dominieren phonologische Merkmale (vgl. Happ 2005; Happ & Vorköper 2006). Betrachten wir einfach mal ein Beispiel, in dem die Silbe einem Gebärdenwort entspricht:

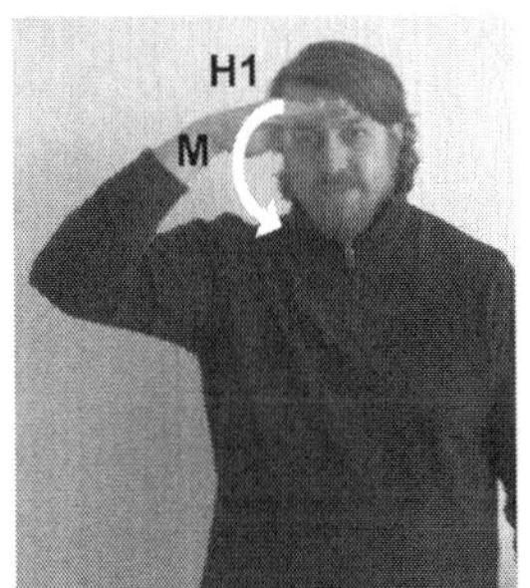

Abb. 20: *Gebärde VATER*

M ist die Position maximaler Sonoranz, H1 und H2 dominieren phonologische Merkmale von geringerer Sonoranz. Die Silbenschicht H-M-H ist die größte Silbe in der Deutschen Gebärdensprache, die kleinste ist die mit der Silbenposition M oder H, Letztere kommt eher selten vor, wie etwa in der Gebärde

Abb. 21: *Gebärde DEUTSCH*

Präferiert werden H-Silben, in denen der Hold mit einer sogenannten sekundären Bewegung versehen ist (Fingerwackeln z.B.)[15], die die Sonoranz von H erhöht, sodass H mit sekundärer Bewegung den Silbenkern bildet wie in

Abb. 22: *Gebärde URLAUB*

Lexikalische Nennformen sind maximal zweisilbig und meistens handelt es sich dabei um reduplizierte Gebärden, etwa für

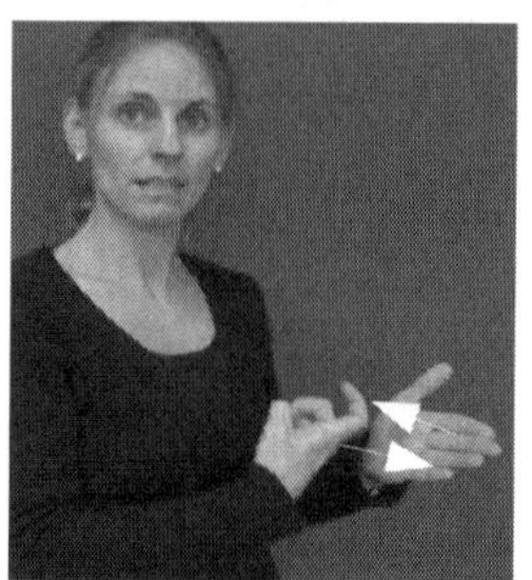

Abb. 23: *Gebärde GLAS* *Gebärde METALL*

An diesen Beispielen erkennt man den Unterschied zwischen phonologisch relevanten Merkmalen (Bewegung von oben nach unten) und sozusagen phonetischen Eigenschaften, sog. Übergangsbewegungen von einer Ausführungsstelle zur nächsten. Zum lexikalischen Eintrag von METALL oder GLAS gehören nur die phonologischen Merkmale und die jeweilige Silbenstruktur, in beiden Fällen MH

15 In Gebärdensprachen unterscheiden wir zwei Typen von Bewegung: Pfadbewegung, wie die Bewegung bei VATER, und sekundäre Bewegung, eine Bewegung, die keinen Pfad beschreibt, wie in URLAUB. Die Kombination von M und H ist ebenfalls phonotaktisch beschränkt: In einer Silbe HM oder MH darf nur M mit einer sekundären Bewegung verknüpft werden.

- MH. Die Rückkehr der Hand zur Ausführung der zweiten Silbe ist eine Übergangs- und keine phonologische Pfadbewegung.
Dass die Silbe eine temporale Planungseinheit ist, sieht man an dem folgenden Vergebärdler:

22	METALL$_{1Silbe}$ GLAS$_{1Silbe}$ SCHEIBE

Dieser Vergebärdler ist eine lexikalische Ersetzung von GLAS durch METALL; der Signer startet mit dem Fehler, allerdings nur mit der ersten Silbe von METALL, und korrigiert sich danach, wieder nur mit einer Silbe, sodass Fehler und Korrektur den Umfang einer reduplizierten Silbe haben; wie in Lautsprachen beobachten wir hier Koartikulation, denn die Handform von GLAS wird bereits auf der Übergangsbewegung hin zur Silbe von GLAS vorweggenommen.
Auch wenn das Deutsche und die Deutsche Gebärdensprache andere Artikulatoren verwenden, so belegen die Fehlleistungen in beiden Sprachen gleichermaßen den systematischen Status relevanter phonologischer Strukturen, Regeln und Beschränkungen.

3 Sprachverarbeitung im Modell

3.1 Das Sprachproduktionsmodell von Garrett

Das auf Versprecherdaten basierende Sprachproduktionsmodell von Garrett (1975) ist ein sogenanntes autonomes Modell. In einem solchen Modell geht man davon aus, dass eine unabhängige Informationsverarbeitung in einzelnen Einheiten eines kognitiven Systems stattfindet. Die in der Verarbeitungskette früher aktivierten Einheiten eines solchen Systems müssen erst zu einem Abschluss in ihrer Informationsverarbeitung gekommen sein, bevor nachfolgende Einheiten aktiviert werden können. In Garretts Modell sind die Einheiten des Sprachverarbeitungssystems als Ebenen dargestellt, wobei hier Ebene unter der Perspektive zeitlicher Verarbeitung nichts anderes meint als Verarbeitungszeitpunkt. Die Informationsweitergabe erfolgt in einem Modell mit dargestellten Charakteristika streng seriell und von oben nach unten (top-down), d.h. in Garretts Modell von der obersten Ebene (Botschaftsebene), der intendierten Botschaft, zur untersten Ebene (phonetische Ebene), den Instruktionen an den artikulatorischen Apparat (siehe Abbildung 1).
Garretts Modell ist ein Modell der Satzplanung, welches eine funktionale und eine positionale Ebene der Repräsentation eines Satzes beinhaltet. Auf der funktionalen Ebene wird die im Satz enthaltene Bedeutungsinformation einer syntaktischen Struktur zugeordnet, während auf der positionalen Ebene genau diese syntaktische Struktur auf eine phonologische Repräsentation abgebildet wird, um dann letztlich in artikulatorische Prozesse überführt zu werden. Auf beiden Ebenen findet ein Zugriff auf das mentale Lexikon statt. Auf der funktionalen Ebene findet der Zugriff auf syntaktische Wörter, d.h. Lemmas, statt (in Abbildung 1 unter Bedeutung). Ein Lemma repräsentiert die syntaktische Information eines Wortes, umfasst also Wortklasse, Subkategorisierungsrahmen und auch flexionsmorphologische Kategorien, wie Person, Kasus, Numerus, Tempus, Modus, Determiniertheit und Komparation.
Die phonologisch-phonetische Information, ihre Gliederung zu Silben und die Platzierung des Akzents im Wort, umfasst das Lexem, welches auf der positionalen Ebene abgerufen wird (in Abbildung 1 unter Form).

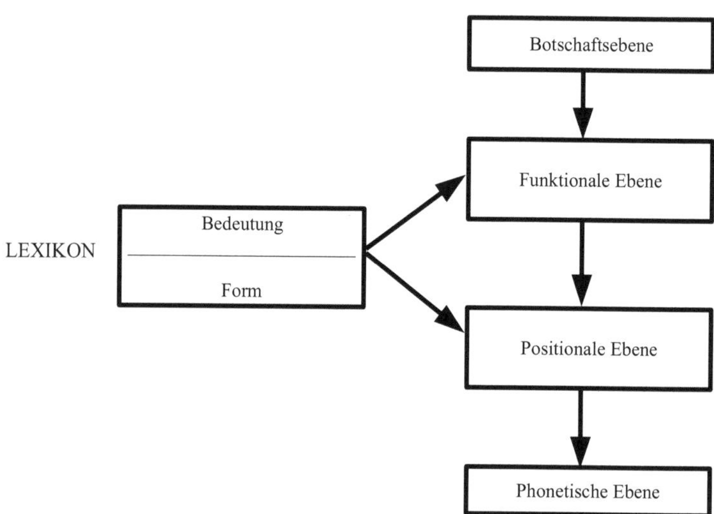

Abb. 1: *Sprachproduktionsmodell (nach Garrett 1975)*

3.2 Das Slots-and-Fillers-Modell und der Zufallsgenerator

Als eine Erweiterung des Garrett-Modells auf der Ebene der Einzelwortverarbeitung können die Annahmen von Shattuck-Hufnagel gelten (1979, 1983). Sie untersuchte vor allem die Systematik von Phonemfehlern bei Versprechern und entwickelte anhand ihrer Daten das sogenannte Slots-and-Fillers-Modell. In diesem Modell werden die Silbenstruktur und die Phonemkette, die mit einem Lemma verbunden sind, getrennt verarbeitet. Es wird eine Folge von „leeren" Silbenpositionen erzeugt, in welche später dann unabhängig die einzelnen Lautsegmente „eingefüllt" werden. Mit diesem Modell kann man erklären, warum Lautvertauschungen sozusagen silbentreu sind, d.h. die vertauschten Einheiten die jeweilige Silbenposition der anderen besetzen, wie z.B. bei dem Versprecher C-Moss-Melle statt C-Moll-Messe. Hier sind die Silbenpositionen schon vorspezifiziert, werden nur „falsch" besetzt. Dies ist letztlich nichts anderes als eine psycholinguistische Aufarbeitung der in Kapitel 2.3 vorgestellten Annahme der Silbenphonologie, dass die einzelnen Phoneme und die Silbenpositionen (CV-Positionen) auf unterschiedlichen Ebenen repräsentiert sind.

Das Garrett-Modell müsste so nach Shattuck-Hufnagel & Klatt (1979: 50) um folgende Verarbeitungseinheiten auf sublexikalischer Planungsebene erweitert werden:

(1) Eine Menge von Phonemen, die dem Zielwort zugeordnet sind.
(2) Eine Sequenz von silbenstrukturellen Positionen oder Slots, welche unabhängig von den Phonemen des Zielworts verarbeitet werden.
(3) Mechanismen, die diese beiden Teile in eine phonologische Repräsentation integrieren: Der Scan-Copier fügt Phoneme in die Slots ein und der Checkoff Monitior kontrolliert die Korrektheit der eingefügten Phoneme und löscht sie bei falscher Eingabe. Für die Anwendung von Scan-Copier und Checkoff Monitor müssen die Phoneme in einem Zwischenspeicher (Buffer) kurzzeitig gespeichert werden.

Buckingham (1987, 1990) sieht in den Sprachdaten von Jargon-Aphasikern hinreichende Evidenz für eine weitere Ergänzung auf sublexikalischer Ebene. Er nimmt einen Zufallsgenerator an, auf den zuerst Butterworth (1979) aufmerksam gemacht hat. Dieser stellte bei Jargon-Aphasikern vor der Produktion von Wortneuschöpfungen, sogenannten Neologismen, Pausen von bis zu 500 ms im Redefluss fest, die auf einen blockierten Zugang zum Form-Lexikon schließen ließen. Die Neologismen von Jargon-Aphasikern zeigen keine Verletzungen der Phonotaktik der Zielsprache, sind dennoch aber ohne Bezug zu Zielwörtern der jeweiligen Sprache. Woher stammen aber nun die so produzierten Silben der Neologismen, wenn doch kein Zugang zum Form-Lexikon vorhanden ist? Der postulierte Zufallsgenerator wird bei einer Blockierung des Zugangs aktiviert und fügt quasi Ersatzphoneme in ein abstraktes Silbenskelett ein. Buckingham betont, dass der Zufallsgenerator nicht eine Ad-hoc-Annahme darstellt, sondern eine Komponente ist, die bei Sprachgesunden aufgrund des ungestörten Lexikonzugangs nur nicht beobachtbar ist. Wie wir in Kapitel 6.1 sehen werden, kann die Idee des Zufallsgenerators auch für den ungestörten und gestörten Spracherwerb fruchtbar gemacht werden. Buckingham verortet den Zufallsgenerator auf der Ebene des Buffers, der wie oben erwähnt für die Zwischenspeicherung von Phonemfolgen zuständig ist. Bei Form-Lexikon-Blockierung werden in diesen Buffer Phoneme vom Zufallsgenerator eingespeist, in eine Silbenschablone integriert und in den Satzrahmen eingefügt. Dies erklärt auch sehr schön, warum bei Jargon-Aphasie hauptsächlich Inhaltswörter gestört sind und der Satzrahmen bzw. die Syntax weitestgehend ungestört ist.

3.3 Input- und Output-Lexikon

Mit diesem Modell lässt sich also problemlos Satz- und Einzelwortverarbeitung sehr feinkörnig beschreiben. Erweitern kann man es weiterhin, wenn man spracherwerbsspezifische Diskussionen berücksichtigt. Speziell fürs Deutsche konnte Szagun (2001) zeigen, dass auch bei sprachunauffälligen Kindern bis 2;1 keine signifikante Korrelation zwischen Sprachverstehen und Sprachproduktion vorliegt, bei amerikanischen Kindern im Alter von 8-16 Monaten wurde diese „natürliche" Dissoziation ebenfalls bestätigt (Bates & Goodman 1999). In diesem Zusammenhang wurde schon 1960 durch eine Studie von Berko & Brown die Rede vom sogenannten „fis phenomenon" geprägt. Wurde ein Kind, das nur [fis] produzierte, mit derselben Form nach einem Plastikfisch gefragt: „Is this your [fis]?", verneinte es diese Frage. Wurde es aber mit der korrekten Form [fiʃ] gefragt, fiel die Antwort positiv aus. Die knifflige Frage, die sich aus dem Fis-Phänomen ergibt, ist die, was für eine Form im Lexikon des Kindes abgespeichert ist. Ist dies die vom Erwachsenen gehörte Äußerung des Wortes, also eine wahrgenommene Oberflächenform, die dann im Lexikon abgespeichert wird und der Produktion des Kindes zugrunde liegt? Dies war die Idee vom sogenannten Ein-Lexikon-Modell (single-lexicon-model) von Smith (1973), in welchem das in der Sprache der Erwachsenen vorkommende Ziellexem abgespeichert und somit rezeptiv zugänglich ist. Die Produktionen von Kindern seien somit auf eine nicht zieladäquate Regelanwendung zurückzuführen:

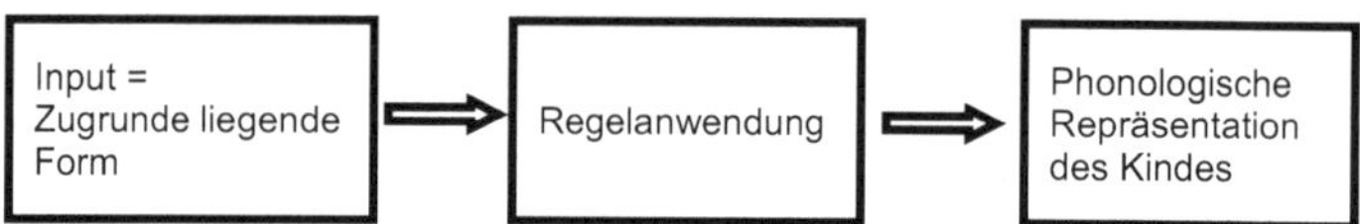

Abb. 2: *Ein-Lexikon-Modell*

Dieses Modell wurde noch einige Male modifiziert, weil die Grundannahme, dass die Perzeption immer zieladäquat sei, z.B. durch Mackens (1980) Reanalyse von Smith's Datenkorpus der Produktionen seines Sohnes Amahl infrage gestellt wurde. Das Wort PUDDLE wurde von Amahl als [pagəl] realisiert, CUDDLE als [kadəl]. Wieso produzierte er [g] in PUDDLE, wenn er doch das [d] in CUDDLE anscheinend korrekt wahrnahm? Eine Variabilität in einer solchen Produktion ähnlicher Wörter wurde im Ein-Lexikon-Modell durch lexikalische Ausnahmen, das heißt Wörtern, die Ausnahmen für Regelanwendungen darstellen, erklärt. Die große Anzahl solcher Ausnahmen wie auch die Bestimmung, wann ein Wort eine Ausnahme sei, machten dieses Konzept fragwürdig. Mit der Einführung von Zwei-Lexikon-Modellen (two-lexicon-model) wollte man vor allem diesem Phänomen Rechnung tragen und zudem erfassen, dass sprachunauffällige Kinder und Kinder mit Sprachstörungen über zugrunde liegende Repräsentationen verfügen, welche in keinem Zusammenhang mit zielsprachlichen Wörtern stehen (für eine genauere Darstellung siehe Baker u.a. 2001; Menn & Matthei 1992). Die Annahme zweier Arten von Repräsentationen, nämlich zielsprachlichen im Input- bzw. Eingangslexikon und durch phonologische Regeln modifizierte Repräsentationen im Output- bzw. Ausgangslexikon, ist z.B. im Modell von Menn (1983) enthalten (siehe Abbildung 3).

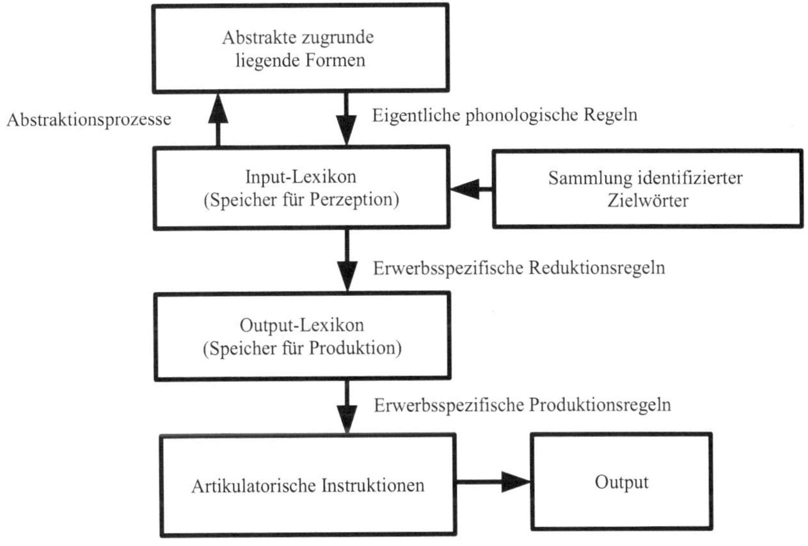

Abb. 3: *Lexikonmodell nach Menn (1983)*

Wenn ein Kind in diesem Modell ein Wort im Output-Lexikon abgespeichert hat, wird in der Sprachproduktion direkt auf dieses Lexikon zugegriffen, d.h., es entfällt ein Zugriff auf das Input-Lexikon, wie es im Ein-Lexikon-Modell der Fall war. Die Annahme eines Input- und Output-Lexikons lässt sich in das oben dargestellte Gesamtmodell einfügen, sodass wir mit Abbildung 4 eine umfassende modelltheoretische Beschreibung von der Verarbeitung auf Satz- und Wort- wie auch auf sublexikalischer, phonologischer Ebene erhalten:

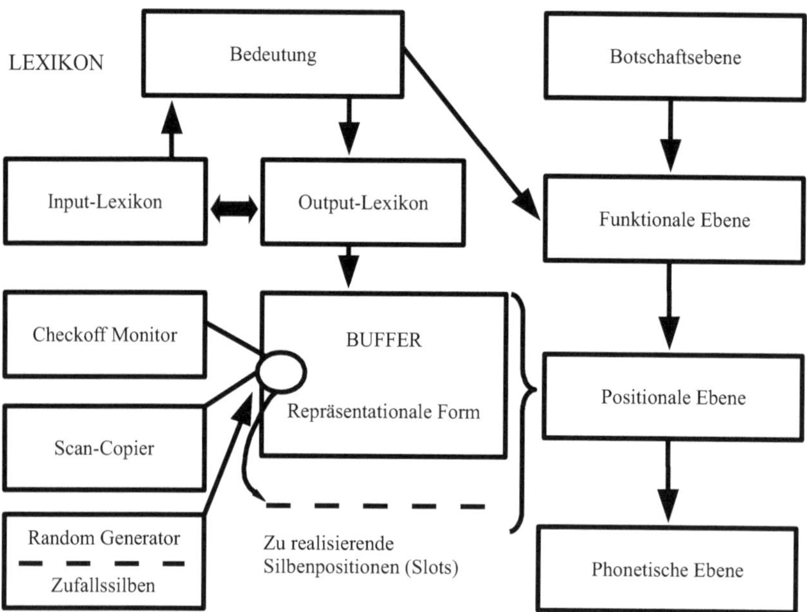

Abb. 4: *Erweitertes Sprachverarbeitungsmodell*

4 Der Erwerb von Phonemen und Merkmalen

4.1 Stufen des Phonemerwerbs

Für das Deutsche sind einige größere Untersuchungen zum Phonemerwerb durchgeführt worden (Möhring 1938; Grohnfeldt 1980). Die Studie von Fox & Dodd (1999) ist die zurzeit größte und aktuellste Studie. Für einen ausführlicheren Überblick über Studien zum Phonemerwerb des Deutschen aus linearer Perspektive verweisen wir auf Fox (2005a) und Ullrich (2011).

Fox & Dodd (1999) untersuchten 177 monolinguale Kinder mit Deutsch als Muttersprache im Alter von 1;6 – 5;11 Jahren. Die Untersuchung wurde unter Maßgabe der PLAKSS (2002) als Bildbenennungsverfahren (mit 99 Testitems) durchgeführt. Die Testwörter sollen alle Laute und die wesentlichen Lautverbindungen des Deutschen in allen Wortpositionen beinhalten.

Altersgruppen	Alter	75% Kriterium	90% Kriterium
1	1;6 – 1;11	m b p d t n	m p d
2	2;0 – 2;5	v h s/z	b n
3	2;6 – 2;11	f l j ŋ x R g k pf	v f l t ŋ x h k s/z
4	3;0 – 3;5	ç ts	j R g pf
5	3;6 – 3;11	ʃ	ts
6	4;0 – 4;5		ç
7	4;6 – 4;11		ʃ
8	5;0 – 5;5		

Tab. 1: *Erwerb von Phonemen*

Ist in der Studie von Fox & Dodd ausschließlich der Erwerb einzelner Phoneme beschrieben, so lässt sich doch eine übersichtlichere Verallgemeinerung aus weiteren Daten gewinnen. Gierut, Simmerman & Neumann (1994) erstellten anhand der Daten von 30 Englisch sprechenden Kindern mit phonologischer Verzögerung im Alter von 3;4 bis 5;7 einen Katalog von fünf unterschiedlichen Typen phonologischer Inventare (Abbildung 1). Phonologische Verzögerungen bieten die Möglichkeit, den Phonemerwerb quasi in Zeitlupe zu untersuchen, da die produzierten Formen meist deckungsgleich sind mit solchen, die im ungestörten Erwerb beobachtet werden. Das Interessante an dieser Katalogisierung ist nun, dass jedes einzelne phonologische Inventar der 30 Kinder genau einem der fünf Typen zugeordnet werden konnte und die komplexeren Muster die vorherigen Inventare implizierten, sodass das letzte Muster die Summe aller vorherigen bildet.

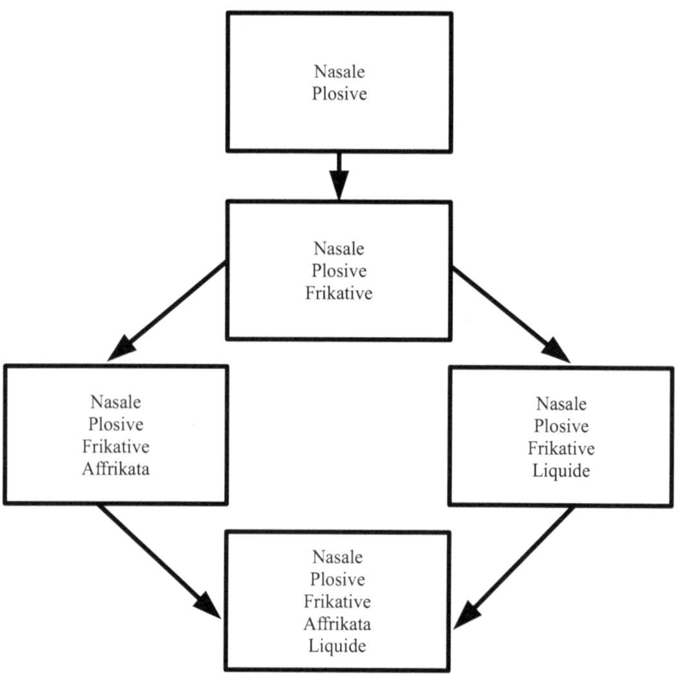

Abb. 1: *Phonologische Inventare (nach Gierut 1994)*

Vergleicht man das Schema von Gierut, Simmerman & Neumann mit der Erwerbsreihenfolge von Fox & Dodd, so sind definitiv Parallelen zu erkennen. Wir finden Plosive und Nasale vor dem Erwerb von Frikativen und diese vor dem Erwerb von Liquida und Affrikata. Nach dem 90%-Kriterium sind Liquida vor Affrikata in das phonologische System integriert (Alter 2;6 – 2;11) und erst später werden beide Lautklassen zusammen realisiert (3;0 – 3;5). Eine interindividuelle Variation kann hier aufgrund der Analyse allerdings nicht ausgeschlossen werden, sodass es durchaus möglich sein kann, dass manche Kinder Affrikata vor Liquida produzierten.

An diesem Punkt muss man sich bewusst machen, dass wir bisher bei der Darstellung des Phonemerwerbs auf einer reinen Beschreibungsebene blieben. So nützlich eine solche ist, so ist doch die wesentliche Frage, wie wir die beobachteten Daten aus dem Erwerb am besten mit einer theoretischen Sichtweise zusammen denken können und so eine wirklich erklärungsadäquate Gesamttheorie erlangen. Für eine systematische Behandlung individueller Fälle in der sprachtherapeutischen Behandlung ist ein Verständnis dafür, wie genau man beobachtete Muster linguistisch einordnen kann, unabdingbar. Ein analoges, wenn auch natürlich ungenügendes Beispiel wäre die reine Messung der Geschwindigkeit von Fahrzeugen, ohne Kenntnis des Aufbaus eines Motors.

4.2 Physiologische phonologische Prozesse

Die Idee von phonologischen Prozessen geht auf die Natürliche Phonologie von Stampe (1972) zurück. Es sollte mit ihnen erklärt werden, warum z.B. in Sprachen wie Katalanisch, Russisch oder Deutsch die Regel der Auslautverhärtung bei Kindern von Anfang an ausnahmslos befolgt wird. Zudem finden im Erwerb Lautveränderungen statt, die sich nicht aus dem Regelsystem der Erwachsenen verstehen lassen. Aus solchen Beobachtungen kam Stampe zur Konzeption von angeborenen phonologischen Prozessen, die im Zuge des Erwerbs einer Zielsprache abgebaut werden, sodass der Output schließlich zieladäquat ist. Vor dem Abschluss des Erwerbs kann man kindliche Produktionen also in einer solchen Formel fassen:

Erwachsenenrepräsentation + Phonologische Prozesse = kindlicher Output

In der theoretischen Phonologie spielt die Prozessanalyse von Stampe in ihrer ursprünglichen Form keine nennenswerte Rolle mehr. Viele Grundgedanken gingen allerdings in die Konzeption der Optimalitätstheorie ein, in der Phonologische Prozesse durch Constraints ersetzt wurden und kein Abbau derselben, sondern ein sprachspezifisches Ranking stattfindet (vgl. Kapitel 2.2). In der klinischen Praxis von phonologischen Störungen hat sich das Konzept angeborener Prozesse allerdings entgegen seiner theoretischen Inadäquatheit etabliert (z.B. Grunwell 1988, Dodd & Iacono 1989) und im deutschsprachigen Raum durch die Arbeiten von Fox (2005a) Verbreitung gefunden, auf die auch für eine genauere Beschreibung des Ansatzes verwiesen sei.

Fox unterscheidet zwischen strukturellen und systemischen Vereinfachungen. Unter strukturellen Vereinfachungen wird Folgendes verstanden:

„Unter strukturellen Vereinfachungen versteht man eine Veränderung der Wortstruktur durch die phonologischen Prozesse. Das bedeutet, dass sich die Silbenanzahl oder die Anzahl der Phoneme des Zielwortes in der kindlichen Realisation verändert hat." (ebd.: 69)

Ingesamt unterscheidet Fox vier dieser Vereinfachungen:

1. Tilgung unbetonter Silben (TUS): In Mehrsilbern wird mindestens eine unbetonte Silbe nicht realisiert.
2. Tilgung initialer Konsonanten (TIK): Der konsonantische Anlaut eines Wortes wird nicht realisiert.
3. Tilgung finaler Konsonanten (TFK): Der konsonantische Auslaut eines Wortes wird nicht realisiert.
4. Reduktion von Konsonantenverbindungen (RKV): Eine Konsonant(en)-Vokal-Verbindung wird um mindestens einen Konsonanten reduziert.

In einer Reanalyse der oben genannten Studie und zusätzlichen Datenerhebungen durch die PLAKSS (Fox 2002) und die PLAKSS-Screeningversion (Fox 2005b) an 423 Kindern ergaben sich folgende Zeitfenster für die oben genannten Prozesse (bei 10% der Kinder einer Altersgruppe mussten diese Prozesse jeweils dreimal vorhanden sein):

Prozess	**Alter**
TUS:	2;0 – 2;11
TIK:	konnte nicht beobachtet werden
TFK vor allem /l/:	2;0 – 2;5
RKV:	2;0 – 3;11

Systematische Vereinfachungen werden von Fox derart definiert:
„Unter systematischen Vereinfachungen versteht man, dass durch die Veränderungen des Kindes Phoneme durch andere ersetzt werden, während die Struktur des Wortes, d.h. die Anzahl der Silben oder Phoneme, erhalten bleibt." (ebd. 72)
Sieben Prozessformen sind unter diesen Vereinfachungen genannt:

1) Assimilation (ASS): Die Angleichung von zwei Lauten.
2) Vorverlagerung (VV): Ein Phonem einer hinteren Artikulationszone wird durch ein Phonem einer vorderen Artikulationszone ersetzt.
3) Rückverlagerung (RV): Ein Phonem einer vorderen Artikulationszone wird durch ein Phonem der hinteren Artikulationszone ersetzt.
4) Plosivierung (Plos): Ein Frikativ wird durch einen Plosiv ersetzt.
5) Sonorierung / Entstimmung (Son, Ent): Bei Sonorierung wird ein stimmloser Laut durch sein stimmhaftes Pendant ersetzt (Artikulationsort und -art bleiben erhalten). Bei Entstimmung findet das Gegenteil statt.

6) Glottale Ersetzung (Glott Er): Ein Laut wird durch /h/ oder den Glottisverschlusslaut ersetzt.
7) Deaffrizierung (DeAffr): Der Plosiv eines Affrikats wird nicht realisiert (/pf/ → [f]).

In den folgenden Zeiträumen konnten systematische Vereinfachungen beobachtet werden:

Prozess	**Alter**	**Prozess**	**Alter**
ASS:	2;0 – 3;11	Son, Ent:	2;0 – 4;5
VV /k/ u. /g/:	2;0 – 3;5	Glott Er:	2;0 – 2;5
VV /ŋ/:	2;0 – 2;5	DeAffr:	2;6 – 2;11
VV /ʃ/ u. /ç/:	2;0 – 4;11		
RV /ʃ/:	2;0 – 3;5		
Plos:	2;0 – 2;5		

Den Ergebnissen dieser Prozessanalyse liegt nun die theoretische Vorannahme zugrunde, dass Prozesse auch wirklich existieren. Für die beobachteten Muster lassen sich natürlich auch andere Interpretationen finden. Vergleicht man sie mit denen von Beers (1996) in Kapitel 4.3, so kann man z.B. die Vorverlagerungen von /k/, /g/ und /ŋ/ mit dem noch nicht erworbenen Merkmal [dorsal] erklären. Da dieses Merkmal von allen Artikulationsmerkmalen als Letztes erworben wird, ist anzunehmen, dass eine gewisse Variationsbreite bei Kindern vorhanden ist und einige dieses Merkmal später erwerben. Das Merkmal [koronal] fungiert hier praktisch als Ersatzmerkmal, sodass kein eigener Prozess angenommen werden muss. Für Plosivierungen gilt das gleiche Prinzip. Das Merkmal [kontinuierlich], das Plosive von Frikativen unterscheidet, ist nach der Studie von Beers erst ab 2;0 distinktiv. Insofern muss auch hier kein eigener Prozess angenommen werden. Dieses Erwerbsargument gilt auch für /ʃ/ und /ç/. Diese sind mit dem 90%-Kriterium erst ab 4;0 erworben, insofern sind Ersatzrealisationen zu erwarten. Zieht man die Merkmalsstruktur hinzu, so sind diese Phoneme im Gegensatz zu den früher erworbenen /s/ und /z/ zusätzlich für das Merkmal [hoch] spezifiziert. Dieses Mehr an Struktur lässt einen späteren Erwerb prognostizieren. Es sollte hier schon klar geworden sein, dass die Annahme von Prozessen nicht den einzigen Erklärungsansatz darstellt. Es scheint vielmehr so, dass es sich um eine theoretische Zusatzannahme handelt, die für die Interpretation der Daten nicht zwingend notwendig ist und somit kritisch betrachtet werden muss. Auch strukturelle Vereinfachungen fallen im Lichte neuerer Erkenntnisse zum Silbenerwerb unter diese Kritik.

4.3 Der Ausbau von Struktur

Da es für das Deutsche leider noch keine größeren repräsentativen Gruppenstudien zum Phonemerwerb aus nicht-linearer Perspektive gibt, soll hier beispielhaft die Studie für das dem Deutschen sehr verwandte Niederländische von Beers (1996) genauer betrachtet werden. Aufgrund dieser sprachlichen Nähe sind die Ergebnisse im Großen und Ganzen auf den Erwerb des deutschen Phonemsystems übertragbar.

Die Vorannahmen zur Studie waren, dass sich der Erwerb von Phonemen von unmarkierten zu markierten Strukturen vollzieht, d.h. von weniger komplexen zu komplexeren Strukturen fortgeschritten wird. Gemäß der Theorie der Merkmalsgeometrie wurde dementsprechend eine Unterscheidung zwischen struktureller und segmentaler Komplexität gemacht. Um es hier noch einmal zu wiederholen, eine Struktur mit mehr Ebenen ist in der Hierarchie gleichzusetzen mit einer komplexeren Form, sodass b) in diesem Falle eine solche im Gegensatz zu a) darstellt:

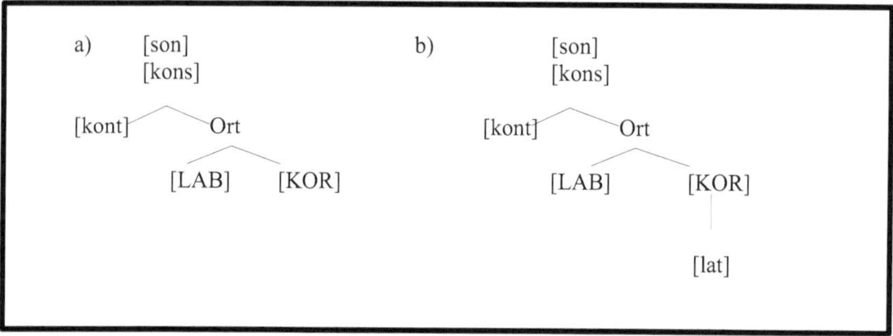

Abb. 2: *Strukturelle Komplexität für die Phoneminventare a. und b.*

Daher werden komplexere Strukturen wie in der Liste 1b. im Erwerb später erwartet:

1	a	p t m n v f s h	b	p t m n v f s h l R

Somit bestimmt die Erweiterung der strukturellen Komplexität den Ausbau der segmentalen Komplexität bzw. des Phoneminventars. Anhand dieser Ausführungen kann Beers drei verschiedene Formen von Erwerbsverläufen unterscheiden:

1) Erwarteter Verlauf: im Einklang mit dem Komplexitätsprinzip der Merkmalsgeometrie
2) Ungewöhnlicher Verlauf: im Einklang mit dem Komplexitätsprinzip der Merkmalsgeometrie, aber universell nicht bevorzugt
3) Abnormer Verlauf: nicht im Einklang mit dem Komplexitätsprinzip der Merkmalsgeometrie

In der Studie selbst wurden nun Spontansprachaufnahmen von 45 monolingual aufgewachsenen, Niederländisch sprechenden Kindern im Alter von 1;3 bis 4;0 Jahren auf die erste Realisierung phonologischer Merkmale von Konsonanten in silbeninitialer Position untersucht. Die Kinder wurden in acht Altersgruppen unterteilt, wobei ab dem Alter von 2;8 Jahren keine weiteren Entwicklungen der Art- und Ortsknoten beobachtet wurden. Die Ergebnisse der fünf anderen Gruppen sind in Tabelle 2 dargestellt[16]:

Altersgruppen	Phoneminventar	Erworbene Merkmale	Erworbene Merkmale
		Art	Ort
A: 1;3 - 1;8	p m t n j	[konsonantisch] [sonorant] [nasal]	[koronal] [labial]
B: 1;9 - 1;11	p m t n j k	[hoch]	[dorsal]
C: 2;0 - 2;2	p m t n j k s x h	[kontinuierlich]	
D: 2;3 - 2;5	p m t n j k f s x h b w		[stimmhaft]
E: 2;6 - 2;8	p m t n j k f s x h b w l r	[lateral]	

Tab. 2: *Erwerb phonologischer Merkmale (modifiziert nach Beers 1996)*

Aus den Ergebnissen kann man schließen, dass gemäß den Vorannahmen Merkmale, die strukturell dominieren, auch früher erworben werden. Die Oberklassenmerkmale [konsonantisch] und [sonorant], die strukturell an oberster Stelle stehen werden, sind auf der ersten Stufe erworben. Das Merkmal [dorsal] ist die

16 Da Beers eine andere Merkmalsgeometrie zugrunde legt, sind die Ergebnisse auf unsere Maßgaben hin interpretiert.

letzte Artikulationsort-Spezifikation, die erworben wird. Das von dem Merkmal [dorsal] dominierte Merkmal [lateral], das [r] und [l] genehmigt, wird als tief liegendes Merkmal auf der letzten Stufe erworben.
In Levelt (1994) wird die Erwerbsreihenfolge der Artikulationsort-Merkmale auch für ganze Wörter bestätigt. Sie vollzieht sich in folgenden vier Schritten:

1. Nur ein [ORT]-Merkmal (koronal oder labial) wird auf das ganze Wort verteilt.
2. Der Onset des Wortes wird für ein weiteres [ORT]-Merkmal spezifiziert.
3. Die Koda wird für ein weiteres [ORT]-Merkmal spezifiziert.
4. Der Nukleus wird für ein weiteres [ORT]-Merkmal spezifiziert.

Wir haben es also hier nicht mit einem Prozess oder einer Regel zu tun, sondern mit einer entwicklungsbedingten Verwendung genau der Merkmale, die zum jeweiligen Zeitpunkt zur Verfügung stehen. Letztlich sind solche Erwerbsmuster ohne die Annahme und Beachtung phonologischer Merkmale nicht adäquat zu erfassen (vgl. Kapitel 6.1).

5 Der Erwerb von Betonung und Silbenstruktur

5.1 Bootstrapping II

In mannigfaltigen Untersuchungen zu Sprachwahrnehmung von Säuglingen und Kleinkindern ist die immense Bedeutung der prosodischen Komponente für den Spracherwerb herausgearbeitet worden (Fikkert 1994; Höhle 2002; Penner 2002).

Anhand des Betonungsmusters der jeweiligen Zielsprache ist es dem Kind möglich, den noch unsegmentierten Lautstrom in separate und damit analysierbare Einheiten aufzuteilen. Kinder können sich so nach und nach über die Prosodie Einheiten anderer Komponenten des Sprachsystems, sprich Wörter, Morpheme usw. erschließen (vgl. Höhle 2002). Dieses Erschließen einer sprachlichen Subkomponente durch eine andere ist eine Spracherwerbsstrategie, die man allgemein mit dem Terminus Bootstrapping bezeichnet (vgl. Kapitel 1.3). Das sprachunauffällige Kind muss schon vor der Produktion erster Wörter, genauer während der kanonischen Lallphase (ca. 7. – 10. Monat nach Oller 1980), im Bereich der Wortprosodie drei sprach-rhythmische Muster herausfiltern und in sein Sprachsystem integrieren (Penner 2002: 24):

a) Die Grundbetonungsregel des zweisilbigen, minimalen Wortes.
b) Die Zeitstruktur des zweisilbigen, minimalen Wortes.
c) Die Mechanismen der Wortrandmarkierung.

Das Kind muss für das Deutsche also (a) den Trochäus (betont – unbetont: ˌha:zə Hase) als Grundbetonung des minimalen Wortes erfassen, (b) der betonten Silbe innerhalb des trochäischen Musters gemäß der Grundregel der temporalen Organisation mehr Gewicht als der unbetonten zuweisen (Dauer in Moren bzw. Reimpositionen) und c) die kritische Rolle des Schwa für die Wortrandmarkierung des trochäischen Fußes erkennen (z.B. Schwa-Einfügung bei konsonantisch auslautenden Wurzeln wie /li:b-/ > li:bə). Nach der Etablierung dieser Regelhaftigkeiten zeigen sich in der Produktion folgende Betonungsmuster (nach Fikkert u.a. 1998: 87-88):

Phase 1: Nur der Kopf (die betonte Silbe) des prominenten Fußes wird als CV realisiert. (bis 1;7 Jahre)
Phase 2: Übergang zu Trochäen. (1;7-2;0 Jahre)
Phase 3: Übergeneralisierung des trochäischen Musters. (1;7-2;0 Jahre)

Phase 4: Übergang zu mehrsilbigen Wörtern, die allerdings gleichförmig betont werden (level stress: Jeder Fuß wird als prosodisches Wort behandelt). (2;2-2;3 Jahre)

Phase 5-6: Übergang von kompositabetonten (Betonung auf dem linken Fuß) zu endbetonten mehrsilbigen Wörtern (zielsprachliche Wortbetonungsregel bei Wörtern mit einer superschweren Silbe). (Phase 5: 2;2-2;3 / Phase 6: 2;3-2;4 Jahre)*

*Leichte Silbe = eine Position im Reim; schwere Silbe = zwei Positionen im Reim; superschwere Silbe = drei Positionen im Reim

Hier ein Beispiel für die Entwicklung eines Wortes über die verschiedenen Phasen hinweg (ebd.: 87):

Formen der Erwachsenen	Phase 1	Phase 2	Phase 3	Phase 4	Phase 5	Phase 6
Konijin ‚Kaninchen' /ko:'nEin/	[,tEi]	[,tEin]	[,ku:nEin]	[,ko:'nEin]	[ko:'nEin]	[ko:'nEin]

Tab. 1: *Prosodische Entwicklung*

Zu Beginn der Wortproduktion orientieren sich Kinder also an der betonten Silbe des Zielwortes, was bei trochäischem Betonungsmuster der Zielsprache eine Orientierung an der Anfangssilbe, bei jambischem Betonungsmuster an der Endsilbe eines zweisilbigen Zielwortes bedeutet. Da der Reim der Silbe das Hauptgewicht erhält, somit prosodisch die größte Prominenz repräsentiert, erfolgt der Ausbau der Silbenstruktur, d.h. des CV-Gitters, sukzessive vom Reim hin zur maximalen Silbenstruktur der Zielsprache.

5.2 Universalgrammatik und die Rolle des Inputs

Das zurzeit wohl am besten fundierte Erwerbsmodell der Silbe ist das von Fikkert (1994), das auf der Basis einer Longitudinalstudie mit zwölf holländisch sprechenden Kindern entstanden ist. Es greift auf das Konzept der Parameterbelegung zurück, welches Chomsky (1981) im Rahmen seiner Prinzipien und

Parameter-Theorie entworfen hat (vgl. Kapitel 1.2 und 1.3).[17] Die Idee der Universalgrammatik (UG) ist, dass dem Kind im Spracherwerb ein angeborenes Repertoire von Prinzipien und offenen Parametern zur Verfügung steht und diese unbewusste Kenntnis dem Kind trotz unzureichender Datenmenge und Datenqualität im Input und der daraus folgenden Vielzahl möglicher Grammatiken verhilft, „mit schlafwandlerischer Sicherheit in das System der Muttersprache" (Weissenborn 1996: 96) einzusteigen (vgl. auch Chomsky 1986; 2002).
Aus dem Postulat von Parametern folgen wichtige Annahmen für die Spracherwerbstheorie. Zum einen erfolgt das Fortschreiten im Spracherwerb nur aufgrund von positiver Evidenz (negative Evidenz wären z.B. explizite Korrekturen), welche die Parameter aktiviert (wobei die Frequenz von parameterrelevanten Inputinformationen irrelevant ist [vgl. ebd.: 20-21]). Die marginale Rolle direkter negativer Evidenz zeigt sich in den folgenden Dialogen zwischen Mutter und Kind, an denen man deutlich erkennen kann, dass explizite Korrekturen der Bezugspersonen nicht wirklich hilfreich sind (Tracy 1990):

1	Kind (2;2):	HÖL mi man glas
	Mutter:	Ich höl dir kein glas, höl du dir selber mal eins

Hier wiederholt die Mutter die nicht zielgerechte Verbform höl.

2	Kind (1;11):	mann sitzt auf des sofa
	Mutter:	Ja, den kannst du hinsetzen

3	Kind (2;0):	abputzen
	Mutter:	Kannschs nich haben.
	Kind:	da isch Male drauf.
	Mutter:	Hm? Da isch Male drauf? Des isch gut

Hier wiederholt die Mutter die nicht zielgerechte Nominalisierung male und bestätigt den Äußerungsinhalt des Kindes.

4	Kind (2;0):	des is WAIsinger Opa sein bulldog
	Mutter:	Der Waisinger Opa sein Bulldog is des? Toll

17 Andere Silbenmodelle heben die Rolle des Inputs im Sinne von Frequenzeffekten gegenüber Parametermodellen hervor (z.B. Demuth u.a. [2006]; Zamuner [2003]) oder betonen stärker die Diskontinuität im Silbenerwerb, d.h. Abweichungen von der Zielgrammatik im Sinne individueller artikulatorischer Muster sind durchaus möglich (Vihman 1996; Piske 2001).

Hier wiederholt die Mutter den nicht zielgerechten „Genitiv" und bewertet die Äußerung des Kindes positiv. Das Kind verfügt ja zunächst nicht über eine Differenzierung zwischen der Korrektur/Bestätigung der sprachlichen Form und jener des Inhalts. Worauf sollte es sich also verlassen?[18]

5.3 Spracherwerb in Stufen

Zum anderen verläuft der Spracherwerb uniform und die einzelnen Erwerbsstufen folgen kontinuierlich aufeinander in dem Sinne, dass jede Erwerbsstufe eine mögliche Grammatik ist und die Repräsentationen dieser Zwischengrammatiken mit Repräsentationen der Zielgrammatik übereinstimmen.
Nachdem nun die wichtigen drei sprachrhythmischen Parameter belegt wurden (s.o.), startet die Wortproduktion mit der Realisierung der prosodisch prominentesten Elemente auf Silbenebene, d.h. mit den betonten Silben der zielsprachlichen Wörter. Vier Stufen des Silbenstrukturerwerbs werden von Fikkert beschrieben, die sich mit der Belegung von drei Parametern assoziieren lassen.

1. CV-Kernsilben (Stufe 1)
2. Parameter für einen verzweigenden Reim (Stufe 2):
   Silbenreime können in einen Nukleus und eine Koda
   verzweigen [Nein/Ja]
3. Parameter für einen verzweigenden Nukleus (Stufe 3):
   Der Nukleus ist verzweigend [Nein/Ja]
4. Parameter für eine Position außerhalb des Reims (Stufe 4):
   Einem (finalen) bipositionalen Reim kann ein zusätzlicher
   Konsonant folgen [Nein/Ja]

In solch einer Erwerbsreihenfolge erwirbt das Kind so sukzessive Silben mit größerem Gewicht:

Stadium 1 Universal CV-Silben (1 Reimposition = 1 Mora)
Stadium 2/3 Schwere Silben (2 Reimpositionen = CVC = 2 Moren)
Stadium 4 Superschwere Silben (3 Reimpositionen = CVCC = 3 Moren)
(nach Penner 2000)

18 Ein starker Einfluss von speziell für das Kind passenden Äußerungen (sog. Motherese) kann daher nicht angenommen werden, wie Tracy (1990) überzeugend zeigt.

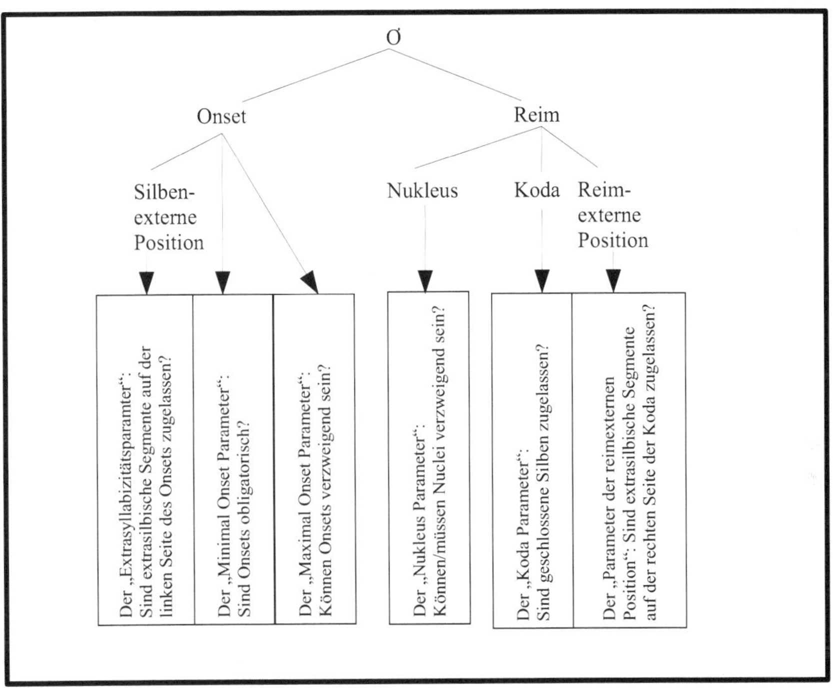

Abb. 1: *Silbenparameter (nach Penner 2000: 125)*

Ob die CV-Silbe wirklich universal als erste Form produziert wird, ist umstritten. Einen ausführlichen Einblick in die frühe Reimentwicklung im Deutschen gibt eine Studie von Kehoe & Lleó (2003). Durch eine Spontansprachuntersuchung von drei deutschsprachigen Kindern (1;3-2;6), in der sowohl ein- wie zweisilbige Wörter analysiert wurden, konnten Einzelheiten von Fikkerts Modell nicht bestatigt werden.

Schon die ersten Produktionen des Kindes Marion entsprachen eher Stufe 3 des Fikkert-Modells (mit den Silbenformen CVV bzw. CVC), mit dem Unterschied, dass es Konsonanten nach langen Vokalen ausließ und nach kurzen Vokalen Konsonanten produzierte. Daraus schlossen Kehoe & Lleó, dass in der ersten Stufe eine Beschränkung in Form eines bipositionalen Reimes vorliegt. Aufgrund dieser Ergebnisse kann vermutet werden, dass die bei Fikkert postulierte universelle CV-Kernsilbe im Deutschen nicht zwingend das initiale Stadium darstellt, sondern schon zu Beginn der Wortproduktion die Bipositionalität des Reims vorgegeben ist.

Auch in einer Einzelfallstudie von Grijzenhout & Joppen (1999) wird diese Universalität infrage gestellt. Naomi (Untersuchungsalter 1;2.06 bis 1;7.27 Jahren) produzierte schon in den ersten Wörtern wortfinale Konsonanten. Dies tat sie aber nur, wenn die Erwachsenenform keinen wortinitialen Konsonanten beinhaltete (an wurde als [an]; ab als [aph] realisiert). Nach Grijzenhout & Joppen sind demnach die ersten Produktionen von folgenden Prinzipien bestimmt[19]:

a) Konsonantischer Verschluss: Jedes Wort beinhaltet mindestens eine Phase, die durch einen kompletten oralen Verschluss charakterisiert ist (mindestens ein konsonantischer Artikulationsort).

b) Vokalische Öffnung: Jedes Wort beinhaltet mindestens eine Phase, die durch eine maximale orale Öffnung charakterisiert ist (mindestens ein vokalischer Artikulationsort).

Grijzenhout & Joppen verwenden eine optimalitätstheoretische Beschreibung, sodass a) und b) als Constraints (vgl. Kapitel 2.2) verstanden werden können. Das Prinzip a) wird so als Constraint C-Ort, b) als V-Ort verstanden. Dass Phoneme der Erwachsenenform in der kindlichen Produktion nicht realisiert werden, wird mit dem Constraint *Struktur erfasst. Dieser Constraint wird immer verletzt, wenn Phoneme realisiert werden (pro realisiertes Phonem wird also eine Verletzung berechnet). Die Produktion von der Erwachsenenform [ap] lässt sich in einem OT-Tableau dementsprechend als entwicklungsspezifisches Ranking wiedergeben:

		C-Ort	V-Ort	*Struktur
a.	a	*!		*
b.	ap			**
c.	pap			***!

Tab. 2: *Erwachseneninput [ap]; optimaler Output [ap] im Alter von 1;2.06*

Da Naomi die Reihenfolge der Phoneme beachtet (Constraint „Linearität") und bei wortinitialen Vokalen keinen Konsonanten einsetzt (Constraint *Struktur), werden sie höher gerankt als „Onset", ein Constraint, der verlangt, dass Onsets realisiert werden.

19 Im Folgenden werden eigene Übersetzungen der Darstellungen von Grijzenhout & Joppen (1999) verwendet.

		C-Ort	V-Ort	Linearität	*Struktur	Onset
a.	a	*!			*	*
b.	an				**	*
c.	na			*!	**	
d.	nan				***!	

Tab. 3: *Erwachseneninput [an]; optimaler Output [an] im Alter von 1;2.06*

Mit diesem Ranking kann auch erklärt werden, wieso Naomi [bal] als [ba] realisiert:

		C-Ort	V-Ort	Linearität	*Struktur	Onset
a.	a	*!			*	*
b.	al				**	*!
c.	ba				**	
d.	bal				***!	

Tab. 4: *Erwachseneninput [bal]; optimaler Output [ba] im Alter von 1;2.06*

Insgesamt kommen Grijzenhout & Joppen zu folgenden Generalisierungen aufgrund vorhandener Constraintrankings für die ersten Wörter:

I Jedes Wort enthält minimal und maximal einen konsonantischen Artikulationsort
C-Ort >> *Struktur

II Jedes Wort enthält minimal und maximal einen vokalischen Artikulationsort
V-Ort >> *Struktur

III Onsets sind optional, abhängig davon, ob noch ein Konsonant im Wort vorkommt
a. *Struktur >> Onset
b. Linearität >> Onset

Diese etwas technischen Ausführungen sollten nur einen kleinen Einblick geben, inwiefern die Wahl des Beschreibungsinstrumentariums für die Dateninterpretation relevant ist. Was die Optimalitätstheorie hier leisten kann, ist die einheitliche Beschreibung einer vermeintlich intraindividuellen Variation zu einem gegebenen Zeitpunkt. In einem strikten Parametermodell müsste eine Form wie [an] als Ausnahme klassifiziert werden.

Dass Variationen im Erwerbspfad auch interindividuell eher die Regel als die Ausnahme sind, zeigt eine Studie von Levelt u.a. (2000). Sie analysierten erneut die Daten der zwölf von Fikkert untersuchten Kinder mit Fokus auf die Erwerbsreihenfolge der CV-Positionen. Das Holländische weist im Gegensatz zum Deutschen eine Silbenschablone der Form (C) (C) V (C) (C) auf. Dies erwerben die Kinder bis zur Form VC uniform, danach spaltet sich die Erwerbsreihenfolge derart auf (ebd. 293):

			Gruppe A: CVCC→	VCC	→CCV	→ CCVC	
CV	→CVC→	V →	VC				CVCC
			Gruppe B: CCV	→CCVC	→CVCC	→ VCC	

Wir haben also Gruppe A, die Onset-Cluster vor Koda-Cluster erwirbt, und Gruppe B, die in umgekehrter Reihenfolge vorgeht. Hinsichtlich der Reihenfolge des Erwerbs von Silbenpositionen gibt es also anscheinend auch eine gewisse interindividuelle Variation.

Elsen (1991) hat in einer detaillierten Tagebuchstudie die phonologische Entwicklung ihrer Tochter Annalena im Deutschen beschrieben. Wir finden hier Muster wie in Gruppe A der Studie von Levelt et al. (2000). Annalena fing mit CV-Reduplikationen an und das Silbenskelett baute sich schrittweise zum Endrand hin aus. Nachdem der Reim strukturell erweitert war, wurde nun der Onset vergrößert. Die einzelnen Erwerbsschritte sind in Tabelle 5 zusammengefasst.

Monat	Struktur	Beispiele
8	CVC (erste Form; verschwand wieder, nur bei einem Wort gegeben)	nein
9	CV(CV)	[mama], Mama [da], da
10	CVCV	[dabe], bitte [data], das da [tedə], Teddy
11	CVC CVCV	[bem], Baum [vava], Hund
14	CVCC CCVC	[momp], [momf], plumps [aiz], [ainz], eins [bRaw], Frau

Monat	Struktur	Beispiele
15 (nach Elsen mehr Endränder und Abnahme der Protowortproduktion)	CVCC	[mons], Mond [balç], falsch [finth], Kind
18	CVCC(X)	plumps brauchst
19	CCVCC(X)	stinkst [bRoRst] (Brust) [kvitst] (quitscht) trägt
21	CCVVC(X) (Diphthonge)	[kroits] Kreuz [SRaipt], schreibt
22	(X)CCVCC	strikt

Tab. 5: *Erwerb der CV-Struktur*

Für die Sprachtherapie ist es nicht unwichtig, Kenntnis davon zu haben, dass es Variationen im Ausbau der Silbenstruktur gibt. In der Regel kann aber nach obigen Ausführungen gelten:

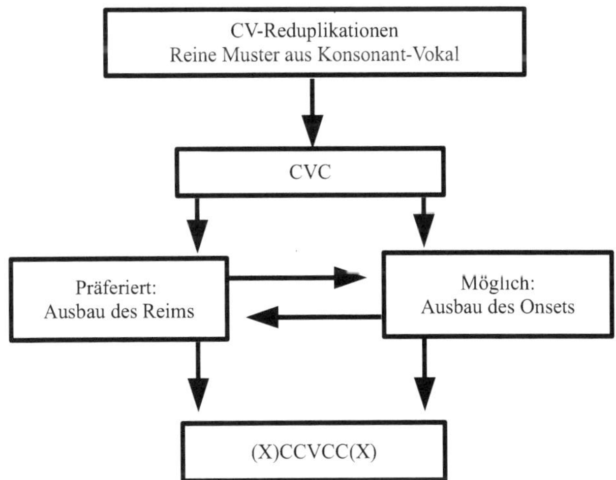

Abb. 2: *Pfade des Strukturausbaus*

6 Vier Fallstudien

6.1 Störungen der Lautsprachproduktion I

Therapeutische Perspektiven: das phonologische System im Fokus

„Denn was wir durch Lernen zu tun fähig werden sollen, das lernen wir eben, indem wir es tun: durch Bauen werden wir Baumeister und durch Kitharaspielen Kitharisten. Ebenso werden wir gerecht, indem wir gerecht handeln, besonnen durch besonnenes, tapfer durch tapferes Handeln."
(Aristoteles 131/132)

Wie ein antikes Axiom von Empedokles besagt, wird Gleiches nur durch Gleiches erkannt. Konkret auf die sprachtherapeutische Praxis angewendet, bedeutet dies, dass Sprachtherapie eben auch das Sprachsystem selbst zum Inhalt haben muss. Klingt dies banal, so schaue man sich den Katalog der spiel-, musik- und mototherapeutischen Verfahren an, bei denen davon ausgegangen wird, dass alles ganzheitlich miteinander zusammenhängt und die Förderung sprachexterner Systeme eine Förderung oder Therapie sprachlichen Vermögens bedingt. Nach bisheriger Lektüre dieses Buches dürfte es jedem Leser fraglich sein, wie ein hoch abstraktes System, das phonologische Einheiten auf verschiedenen Ebenen berechnet, durch nicht-sprachlichen Input beeinflusst werden sollte. Eine moderne Umformulierung des aristotelischen Grundgedankens für die Sprachtherapie wäre demnach:
Modulare Systeme verarbeiten nur den Input, für den sie spezifiziert sind, und korrigieren und erweitern ihre Berechnungen auch nur nach Maßgabe eines solchen.
Aber natürlich gibt es auch innerhalb einer rein phonologisch orientierten Herangehensweise Unterschiede im Verständnis der therapeutischen Grundlagen und Zielsetzungen. So ist es selbstverständlich, dass sich die unterschiedlichen Vorstellungen des Erwerbs in einer prozessorientierten und einer nicht-linearen Phonologie (vgl. Kapitel 2.2) auch in der klinischen Behandlung phonologischer Störungen widerspiegeln. Wie Dinnsen (1997) verdeutlicht, gibt es mehrere Probleme mit der Annahme von Prozessen. Nehmen wir als Beispiel a) die Ersetzung von Dorsalen durch Koronale (Vorverlagerung) und als Beispiel b) die von Plosiven für Frikative (Plosivierung). Ein Problem, so Dinnsen, ist, dass die

Annahme von Prozessen im Grunde auf abstrakten Annahmen beruht, denen die empirische Begründung fehlt. Die Frage ist, wenn ein Kind [t] für /k/ produziert, woher wollen wir dann wissen, dass das Kind schon /k/ als solches repräsentieren kann? Selbst wenn es perzeptuell [t] von [k] unterscheiden kann, zeigt dies nicht, dass das Kind eine erwachsenensprachliche Form gespeichert hat, sondern eventuell nur, dass es einen phonetischen Unterschied wahrnimmt. Phonologisch, d.h. im Sprachsystem des Kindes, kann dieser Unterschied völlig irrelevant sein. Zudem erscheinen die Prozesse völlig unmotiviert und zufällig, d.h., warum sollten z.B. Dorsale eher durch Koronale und Frikative eher durch Plosive ersetzt werden? Solche Fragen bleiben im Rahmen einer Prozessanalyse offen.

Durch den Ansatz der Unterspezifikation werden solche Probleme vermieden. Hier ist es so, dass zugrunde liegende Repräsentationen einfach für die Merkmale unterspezifiziert sind, die keinen Kontrast im System des Kindes bilden. Die Merkmale sind in diesem Sinne noch nicht etabliert. Somit wird das Kind nicht mit einem phonologischen Wissen ausgestattet, das sich im Sprechen nicht nachweisen lässt. In Beispiel a) fehlt demnach im Grunde nur ein Kontrast von Ortsmerkmalen zwischen nicht-labialen Obstruenten. Da noch kein Ortsmerkmal [dorsal] spezifiziert bzw. erworben wurde, wird das Merkmal [koronal] als Default-Merkmal für Artikulationsort quasi regelhaft verwendet. Das Merkmal [dorsal] müsste noch erworben werden, um einen Kontrast zu erzeugen. Es ist also überflüssig, einen eigenen, nicht-herleitbaren Prozess anzunehmen, der dann eine postulierte Erwachsenenrepräsentation noch einmal verändert. Für b) gilt das gleiche Erklärungsprinzip. Da keine Frikative in den kindlichen Äußerungen vorkommen, ist das Merkmal [+kontinuierlich] noch nicht etabliert und [-kontinuierlich] wird als Default-Merkmal angewendet. So werden zwar Frikative durch Plosive, aber nicht Plosive durch Frikative ersetzt.

Ein Ansatz der Unterspezifikation stellt also eine Kontinuität des Erwerbs hin zu Erwachsenenrepräsentationen ohne Zusatzannahmen her. Müssen bei Annahme von Prozessen diese unterdrückt werden oder gehen sie auf irgendeine Art und Weise, die nicht erklärt werden kann, verloren, so sind die unspezifizierten Merkmale des kindlichen Sprachsystems im Erwachsenensystem weiter enthalten. Da hier keine eingehendere Auseinandersetzung mit der Prozessanalyse angestrebt ist (der interessierte Leser sei auf Bernhardt & Stoel-Gammon 1994 verwiesen), möchten wir aus obigen Ausführungen nur die grundsätzlichen Unterschiede in den therapeutischen Leitaspekten betonen:

1. Nach der nicht-linearen Phonologie findet im Phonologieerwerb keine negative Progression im Sinne des Abbaus von Prozessen statt. Vielmehr findet

additiv Strukturausbau und Merkmalsspezifikation auf allen phonologischen Ebenen statt.

2. Das phonologische System des Kindes ist insofern aus sich zu verstehen und wird nicht als verzerrte Variante des Systems von Erwachsenen verstanden. Hieraus folgt ein anderer therapeutischer Impuls: Positives Wachstum steht im Mittelpunkt, nicht Abbau und korrektive Intervention (Termini wie konsequent vs. inkonsequent haben in der nicht-linearen Phonologie deshalb auch keinen sinnvollen Gehalt).
3. Aus 2 folgt analog im allgemeineren Sinne eine andere pädagogische Einstellung. Das Kind ist kein kleiner, mit fehlerhaften Prozessen ausgestatteter Erwachsener, sondern muss auf seiner Entwicklungsstufe verstanden und angenommen werden.

Maximale Oppositionsbehandlung (MOB)

In der klassischen Minimalpaartherapie wird der zu realisierende Ziellaut mit seinem Ersetzungslaut kontrastiert. Produziert ein Kind /kam/ (Kamm) als [tam], so wird mit Worten gearbeitet, die sich durch /t/ und /k/ unterscheiden, um das Kind für diesen Kontrast zu sensibilisieren. Durch die Arbeit an diesem Kontrast, namentlich der Ortsmerkmale [koronal] /t/ vs. [dorsal] /k/, wird eine Generalisierung dieses Kontrastes auf andere Koronal-Dorsal-Paare erwartet, d.h. /d/ vs. /g/ oder /n/ vs. /ŋ/.

Die von Gierut eingeführte Maximale Oppositionsbehandlung (engl.: Maximal Opposition Treatment) basiert im Wesentlichen auf der in Kapitel 2.2 dargestellten Merkmalsgeometrie. Im Rahmen dieser Therapieform wird kein minimaler Kontrast angestrebt, d.h. nicht einfach Ziellaut vs. Ersatzlaut, sondern ein maximaler Kontrast. Dieser wird dadurch erreicht, dass der Ziellaut /k/ mit einem Phonem kontrastiert wird, das nicht im Fehlermuster vorkommt UND das sich von dem Zielphonem maximal unterscheidet. Die maximale Unterscheidung wird anhand der Anzahl der unterschiedlichen Merkmale bemessen, es gibt also Unterschiede in Ort, Art und Stimmhaftigkeit. Für diese Therapie würde sich demnach z.B. der Kontrast von /k/ mit /n/ anbieten (z.B. Nuss vs. Kuss).

	ORT	ART	STIMMHAFTIGKEIT
/k/:	DORSAL	-kont	-stimmhaft
/n/:	KORONAL	+kont; +nasal	+stimmhaft

Das wichtigste distinktive Merkmal ist in dieser Aufzählung noch nicht vorhanden. Wie verschiedene Therapiestudien zu Minimalpaarvarianten gezeigt haben (Gierut 1990, 1991, 1992), ist die effektivste Kontrastbildung eine solche, die einen Unterschied in den Oberklassenmerkmalen beinhaltet. /k/ ist als Plosiv für [-sonorant], /n/ als Nasal für [+sonorant] spezifiziert. Die Effektivitätsgrade der Maximalen Oppositionsbehandlung sind in Abbildung 1 dargestellt. Wenn wir vom gegebenen Phonembestand eines Kindes ausgehen, dann gilt der noch nicht realisierbare Ziellaut, im obigen Fall /k/, als neues Phonem. Wenn wir dieses also mit einem Phonem kontrastieren, das vom Kind schon erworben wurde und das einen maximalen Kontrast ohne Unterschied im Oberklassenmerkmal herstellt, wäre der geringste Therapieeffekt zu erwarten. Beispiel wäre hier der schon erworbene Frikativ /v/, der LABIAL, [+kont] und [+stimmhaft], aber wie auch das Phonem /k/ [-son] ist. Wäre dieser Frikativ noch nicht erworben, so hätten wir zwei neue Phoneme, was für bessere Prognosen sorgt. Das obige Beispiel mit /n/ ließe sich ebenso bemessen. Ist /n/ im Repertoire des Kindes vorhanden, so ist der Therapieeffekt geringer, als wenn /n/ ein weiteres neues Phonem für das Kind darstellt. Den besten Therapieerfolg erhält man demnach, indem man den Phonembestand des Kindes berücksichtigt und in Relation zu diesem anhand der Merkmalsunterscheidungen maximale Kontraste in den Mittelpunkt der Therapie stellt.

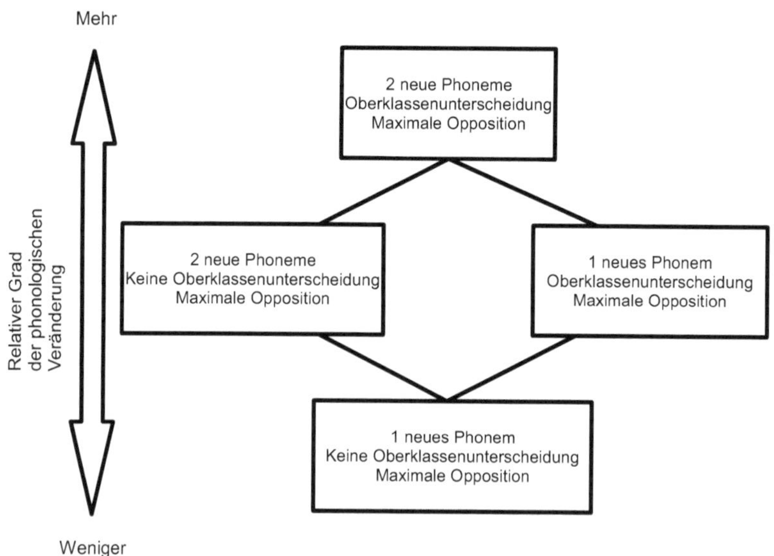

Abb. 1: *Effektivitätsgrade der Maximalen Oppositionsbehandlung*

Vielleicht ist manchem Leser noch nicht ganz klar, weshalb die Idee der Merkmalsgeometrie für diesen Ansatz wesentlich ist. In einem Ansatz, der nicht von einer hierarchischen Organisation von Merkmalen ausgeht, ist nicht zu erklären, warum ein Kontrast in den Oberklassenmerkmalen solch starke Effekte zeigt. In der Merkmalsgeometrie sind aber genau die Merkmale, die alle anderen dominieren, die Oberklassenmerkmale. D.h., mit der Aktivierung dieser Merkmale wird sofort eine neue Lautklasse anvisiert, die weiterhin durch den maximalen Kontrast von Orts-, Art- und Stimmhaftigkeitsmerkmalen alle Ebenen der Merkmalsstruktur beinhaltet. So werden in der Behandlung durch MOB alle Aspekte der Phonemstruktur kontrastiv beleuchtet und dem Sprachsystem des Kindes zugänglich gemacht.
Diese grundlegenden Erkenntnisse des MOB, mithilfe von Kontrasten, insbesondere der Kontraste von Oberklassenmerkmalen, Phonemstrukturen aufzubauen, wurden von einem Sprachtherapeuten und einem der Autoren in der Behandlung von phonologisch gestörten Kindern klinisch verwertet (vgl. Dümig & Frank 2008; Dümig 2009). Zwei Einzelfallstudien sollen hier im Folgenden dargestellt werden.

Kind L.: Phonologische Merkmale

Bei L. handelte es sich um einen monolingual (Deutsch) aufgewachsenen Jungen, bei dem im Alter von 4;9 Jahren eine Spezifische Sprachentwicklungsstörung mit einer Plateaubildung auf allen sprachlichen Ebenen (Phonologie, Morphologie, Syntax) diagnostiziert wurde (mithilfe der Patholinguistischen Diagnostik [Kauschke & Siegmüller 2002] und dem AWST-R [Kiese-Himmel 2005]). Während die Sprachproduktion stark gestört war, zeigte er in den rezeptiven Sprachfähigkeiten ein altersadäquates Entwicklungsniveau. Auffälliges Spezifikum seiner Sprachproduktion war zum einen die vorwiegende Produktion von dorsalen Konsonanten (k, g, x, ŋ) zum anderen eine Beschränkung von Lautklassen auf bestimmte Silbenpositionen. Produzierte er so tendenziell vor allem Plosive in der Onset-Position, wurden in der Silbenkoda Nasale bevorzugt. Gemäß den theoretischen Darstellungen aus Kapitel 2.3 lag also die Vermutung nahe, dass unter dem Aspekt von Demisilbenkomplexität nicht-komplexe Varianten produziert wurden und hinsichtlich der Entwicklung des Merkmals Artikulationsort ein Spreading des Artikulationsort-Merkmals vorlag (Konsonanten in einer Silbe sind auf das gleiche Artikulationsort-Merkmal beschränkt).

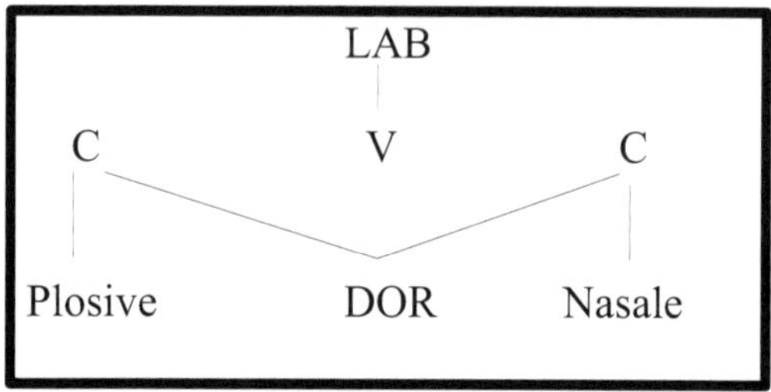

Abb. 2: *Spreading des Merkmals [dorsal]*

Die Therapie wurde mit Fokus auf die realisierten Lautklassen in Silbenonset und Silbenkoda und die produzierten Artikulationsorte (labial: LAB; koronal: KOR; dorsal: DOR) durchgeführt. Der Verlauf wurde unter Verwendung von Items aus der Patholinguistischen Diagnostik (Kauschke & Siegmüller 2002) zu drei Zeitpunkten (4;9 / 5;0 / 5;3 Jahre) kontrolliert. In die Therapie und Untersuchung gingen einsilbige und zweisilbige Wörter ein, Letztere mit der trochäischen Standardbetonung des Deutschen.

Ziel der Therapie, die in diesem Zeitraum stattfand, war ausgehend von L.s Entwicklungsstand komplexere Demisilben in der Produktion anzubahnen wie auch eine größere Variabilität im Gebrauch des Merkmals Artikulationsort zu evozieren (d.h. auch labiale und koronale Konsonanten in Onset und Koda). Zu diesem Zwecke wurden Zielwörter verwendet, die aus einem minimalen Silbenskelett (CVC) aufgebaut waren. Man vermeidet durch die Minimierung anderer phonologischer Ebenen quasi eine Systemüberlastung und bietet dadurch der Sprachverarbeitung die Möglichkeit, Schwierigkeiten auf nur einer, nämlich der zu diesem Therapiezeitpunkt relevanten Ebene in den Korrekturfokus zu rücken.

- **Minimalisiere die phonologische Struktur auf den therapieirrelevanten Ebenen (MIPS):**
  Verwende ein minimales Silbenskelett (CVC) bei der Arbeit am Ausbau der Merkmalsstruktur!

Innerhalb dieser CVC-Struktur wird nun mit allen möglichen Kontrasten des Deutschen gearbeitet, d.h., alle möglichen Kombinationen von Lautklassen und Artikulationsorten in Onset und Koda werden als Input präsentiert (siehe Anhang I).

- **Maximiere die phonologischen Kontraste auf der therapierelevanten Ebene (MAPKO):**
  Verwende als Input eine breite Palette an möglichen Strukturen, um das Sprachsystem für wort- bzw. silbeninterne Kontraste zu sensibilisieren!

Kontext und Bedeutung sind für das phonologische System als eigenständiges Modul nicht von Belang (vgl. Kapitel 2). Vielmehr kann das Bestreben nach einem „sinnvollen" zielsprachlichen Kontext im Sinne einer auf Satzebene stattfindenden Konversation (auch in Form von Liedern) den Fokus des Sprachsystems auf eben diesen fixieren und somit die phonologische Form in den Hintergrund treten lassen. Auch das Verwenden von zielsprachlichen Wörtern ist keine Notwendigkeit, da phonologische Kontraste auch in Nicht-Wörtern ohne Bedeutung vorhanden sind. Als Therapeut muss man hier wirklich umdenken und dem Prinzip „Form vor Bedeutung" (wie es auch im natürlichen Spracherwerb vorhanden ist) folgen. Die Einbettung dieser Formen in ein beliebiges Spiel, in dem bei einer erfolgreichen Aktion von Therapeut und Kind diese Form genannt werden „darf", kombiniert spielerischen Anreiz, Belohnung und Formorientierung optimal. Der trockene Lehrcharakter einer Therapie, der die Hierarchie *gestörte Sprache – richtige Sprache, Therapeut – Patient* aufrechterhält und bei großem Störungsbewusstsein negativ wirken kann, sowie ein irgendwie gearteter Drill zu Äußerungen werden somit vermieden.

- **Maximiere Fokus auf Form durch Minimierung von erwachsenensprachlichen Kontext (MAFMEK):**
  Verwende nur einzelne Wörter und Nicht-Wörter und zwar in einem spielerischen Kontext, um die phonologische Form zu fokussieren und Störungsbewusstsein nicht zu verstärken!

Wir wollen uns das Gesagte noch einmal an dem erweiterten Garrett-Modell aus Kapitel 3.3 verdeutlichen. Letzteres Leitprinzip ist auch insofern ein wichtiges, als dass bei einer reinen Produktionsstörung im Input-Lexikon sowieso schon alle Formen etabliert sind. Bei L. war auch der Fall, dass im Output-Lexikon die Zielwörter mit ihrer Bedeutung und phonologischen Zielform repräsentiert waren, bei ihrer Produktion allerdings Silbenpositionsbeschränkungen und Spreading-Prozesse aktiv waren. Reine Übungen zur Rezeption würden also nur schon vorhandene Repräsentationen aktivieren. Wir setzen somit in der Therapie direkt an der Produktion auf sublexikalischer Ebene an, d.h. auf der Verarbeitungsebene unterhalb von Bedeutung und Syntax (da nur Zielformen vorhanden sind, ist der Random-Generator nicht mehr aktiv).

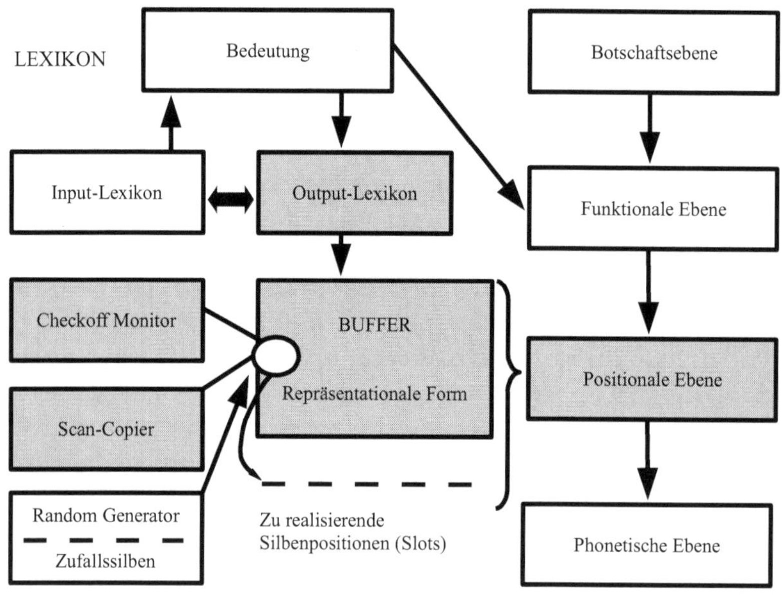

Abb. 3: *Therapiemodule (therapierrelevant = grau)*

Im Folgenden soll nun der Verlauf der Therapie anhand der drei Therapiezeitpunkte und damit einhergehend die Relevanz der Leitprinzipien MIPS, MAPKO und MAFMEK gezeigt werden.

In den Abbildungen 4 und 5 sehen wir die Entwicklung der Lautklassen in Onset und Koda. Wie oben erwähnt konnte im Alter von 4;9 Jahren eine Präferenz für Onset-Plosive (93%) und Koda-Nasale (56%) attestiert werden. Waren im Onset keine Frikative und Liquide/Gleitlaute gegeben, so fehlten in der Silbenkoda Plosive vollständig. Das zeigt eindeutig eine silbenpositional bestimmte Produktion von Lautklassen. Im Zuge der Anwendung der drei Leitprinzipien fanden innerhalb von drei Monaten die ersten erstaunlichen Veränderungen statt. Die starke Beschränkung auf Onset-Plosive war im Alter von 5;0 Jahren aufgehoben und Frikative (12%) und Liquide/Gleitlaute (15%) waren in dieser Position etabliert. In der Silbenkoda konnte Ähnliches beobachtet werden, hier wurde im Zuge des Abbaus der vornehmlichen Nasale-Produktion (21%) auch die Merkmalsmenge für Plosive (35%) integriert. Insgesamt fand bis zum letzten Untersuchungszeitpunkt, im Alter von 5;3 Jahren also, der Abbau von silbenpositionalen Beschränkungen statt, sodass alle Lautklassen in Onset und Koda produziert wurden und ein flexibleres, kontrastreicheres phonologisches System entstand.

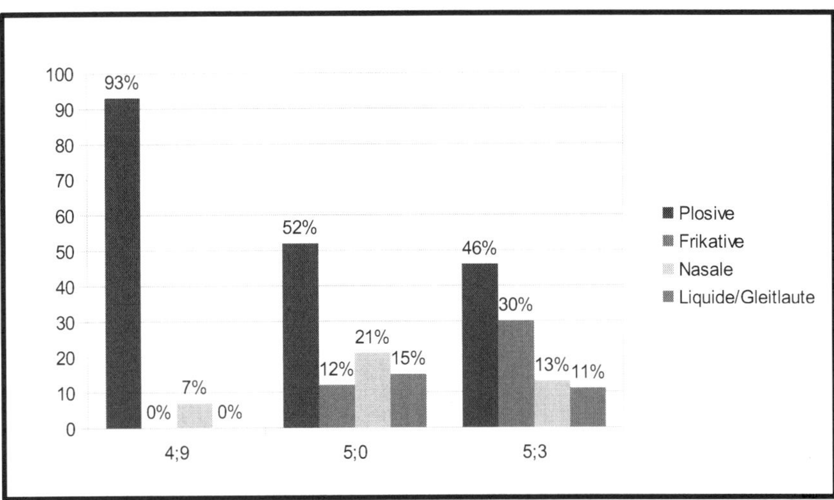

Abb. 4: *Entwicklung im Onset*

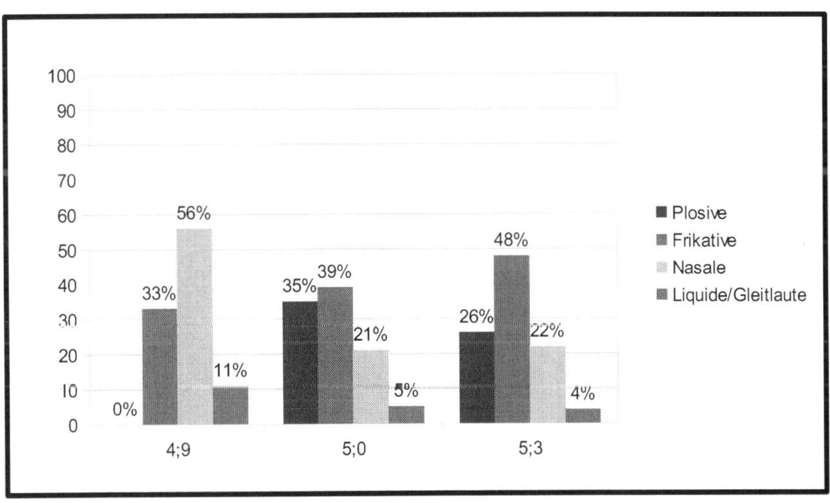

Abb. 5: *Entwicklung in der Koda*

Ein ähnliches Muster konnte für die Entwicklung des Merkmals Artikulationsort festgestellt werden (Abbildung 6). Im Alter von 4;9 Jahren war eine starke Beschränkung auf das Merkmal DOR (72%) gegeben, das Merkmal LAB wurde mit 2% kaum produziert. Innerhalb von drei Monaten (5;0) reduzierte sich diese Beschränkung auf DOR drastisch (auf 16%) und LAB und KOR wurden in zunehmendem Maße produziert. Im Alter von 5;3 Jahren konnte somit letztlich eine sichtlich ausbalanciertere Verwendung der Artikulationsort-Merkmale beobachtet werden.

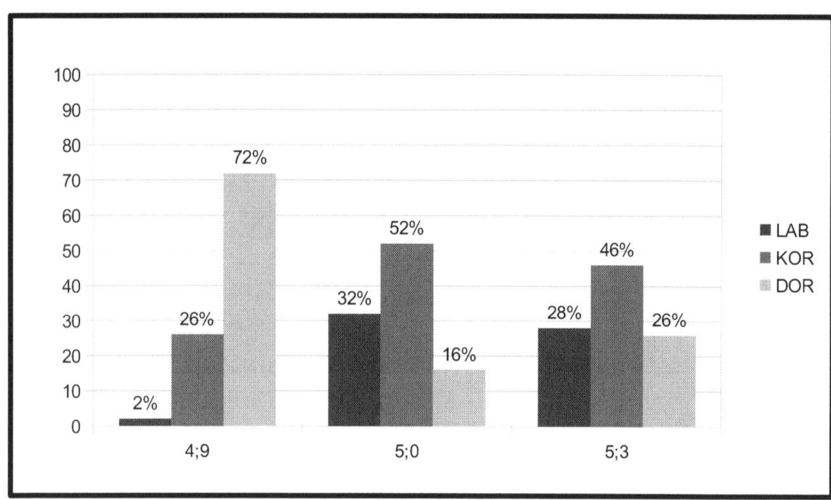

Abb. 6: *Entwicklung des Merkmals Artikulationsort*

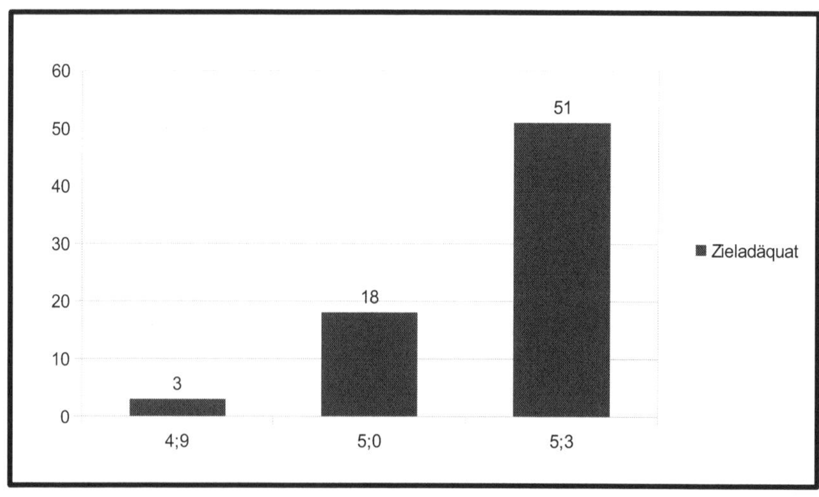

Abb. 7: *Entwicklung der Zieladäquatheit (in Prozent)*

Abbildung 7 zeigt, wie sich mit den radikalen Veränderungen im Gebrauch des Merkmalsystems auch die Häufigkeit zielsprachlich adäquater Äußerungen erhöhte. Entsprachen im Alter von 4;9 Jahren nur 3% von L.s Produktionen den vorgegebenen Zielwörtern, so versechsfachte sich die Adäquatheit innerhalb von drei Monaten auf 18%. Diese rasante Entwicklung führte schließlich dazu, dass im Alter von 5;3 Jahren gut die Hälfte (51%) zieladäquat realisiert wurde. Der Ausbau des phonologischen Systems ging also eindeutig mit einer größeren Verständlichkeit von L.s Produktionen einher.

Es dürfte ersichtlich geworden sein, dass mit den oben besprochenen Leitprinzipien ein wirksamer therapeutischer Effekt erzielt wurde und eine klare Leistungssteigerung des phonologischen Systems beobachtet werden konnte. Was für einen solchen Therapieeffekt notwendig ist, ist im Wesentlichen linguistisches Know-how und kein spezifisch therapeutisches Zusatzmaterial. Abgesehen von dem positiven Aspekt der finanziellen Einsparungen wird der Druck auf das Kind, sich der Erwachsenensprache anpassen zu müssen, immens vermindert, was mit großer Wahrscheinlichkeit auch zum Therapieerfolg beiträgt.

Kind P.: Demisilben

Kind P. erhielt ab dem Alter von 3;0 Jahren wöchentlich eine ambulante Sprachtherapie durch einen Logopäden. Im Alter von 4;7 Jahren bekam er für fünf Wochen eine Intensiv-Sprachtherapie mit Krankenhausaufenthalt (Diagnose: SSES). Diese Behandlung wurde mit 5;2 Jahren für vier Wochen wiederholt. Die Anschlussbehandlung erfolgte danach einmal wöchentlich durch einen Sprachtherapeuten.

P. zeigte wie Kind L. eine starke Dissoziation zwischen Sprachproduktion und Sprachverstehen. Im Alter von 4;7 Jahren erreichte er in der Testung des Bereichs Sprachverstehen ein Entwicklungsalter von 4;10 Jahren und mit 5;2 Jahren eines von 5;5 Jahren (Reynell Entwicklungsskalen, Sarimski 1985). Zusätzlich bestätigte ein anderer Sprachverstehenstest (TROG-D; Fox 2006) mit dem Hauptgewicht auf dem Verstehen syntaktischer Strukturen das gute rezeptive Sprachvermögen.

Standardisierte Tests zur Ermittlung des expressiven Sprachstandes konnten aufgrund seiner schweren Störung bis zum Alter von 5;7 Jahren nicht adäquat durchgeführt werden. Grund hierfür war das besondere Entwicklungsprofil, das durch eine sehr frühe Plateaubildung auf der phonologischen Ebene charakterisiert war. Anders als im Fall von L. produzierte P. nicht hauptsächlich Zielwörter der Erwachsenensprache, die phonologisch einem unausgebauten Merkmalsrepertoire entsprachen. Tabelle 1 zeigt den proximalen Wortschatz im Alter von 5;5 Jahren, wobei nicht kontinuierlich gebrauchte Wörter und Komposita hier nicht aufgelistet sind.

PROTOFORMEN	Bedeutung der Protoformen	Zielformen (Klammern geben Ergänzungen oder akkurate Formen an)
am	*los*	o(ben)
amam	*fahren*	du (zu)
oapuff	*hin- und runterfallen*	Bäbi (Baby, klein)
Schlafgeräusch	*Bett, schlafen*	ich
mmh	*mögen*	ao (auch)
Weingeräusch	*weinen*	auf
puff	*schießen, springen, Känguru*	einch (eins)
hamham	*Lebensmittel, essen*	Uno (das Spiel)
m-hamham	*McDonald's*	Bä(r)
ham-ham-Ei	*Überraschungsei*	U-Ba(hn)
hamham-o + Gebärde für braun	*Doughnat*	Ei
iaobär	*Katzenbär*	Aichauto (Eisauto)
dudu	*Schuhe, evtl. Fuß, Bein*	Main (der Fluss)
i	*nass, glitschig, Regen*	Hai
heia	*Koalabrüder (aus Kinderbuch), fliegen*	(h)eiß
heiaheia	*Flugzeug*	eich/eis (Winter, Schnee, Eis, weiß)
wawa	*Hund*	Hammer
iao	*Katze*	Tomante (Tomate)
pu	*stinken*	Ananach (Ananas)
buabua	*Affe*	Baun (Baum)
buabuapiaopuff	*SOS-Affendorf*	Biene
auf-O	*Buchstabe C oder Hörnchen*	Ha(h)n
jai	*Lied, Musik*	Er(d)beer(e)

PROTOFORMEN	Bedeutung der Protoformen	Zielformen (Klammern geben Ergänzungen oder akkurate Formen an)
bababa	*Ente*	Bau (Ball)
hoho	*Weihnachtsmann*	
bibobi	*bitte*	
aua	*rot, heiß*	
Popo	*hinten, sitzen, Sitzmöbel, frech*	(Oma, Opa, Mama, Papa)
Anzahl: 28		Anzahl: 24 (28)

Tab. 1: P.s Wortschatz

Zu diesem Zeitpunkt setzte sich das mentale Lexikon von P. also aus ca. 60 Wörtern mit 50% Ziel- und 50% Protowörtern zusammen. Protowörter sind nach Vihman (1996) „[...] eine relativ stabile Form mit relativ stabilem Gebrauch, welcher eine klare Beziehung zu einer Form- und Bedeutungseinheit eines konventionellen Modells der Erwachsenensprache fehlt." (eigene Übersetzung) und werden ungefähr ab dem Alter von 12 Monaten produziert (vgl. Tabelle 2).

Alter in Monaten	Rein phonetische Produktionen	Erste bedeutungsvolle Produktionen	Eindeutig zielsprachliche Produktionen
7	Kanonisches Babbeln (gleiche Silbe, z.B. *babababa*)		
10	Buntes Babbeln (unterschiedliche Silben, z.B. *bada*)		
12	Jargonbabbeln (längere Äußerungen mit zunehmend zielsprachlicher Sprachmelodie, z.B. *dapedädepedoh*)	Holistische Äußerungen / erste Wörter (einschließlich Protowörter)	
18		Annähernde Zielwortproduktion	Einwort-/Mehrwortäußerungen

Tab. 2: Frühe Wortproduktionen (modifiziert nach Kaltenbacher 1999)

Obwohl bei Protowörtern kein Bezug zu Zielwörtern vorhanden ist, sind sie aber dennoch integraler Bestandteil des Sprachsystems. Dies verdeutlichen einige morphologische und syntaktische Produktionen von P. eindrucksvoll, weil hier Protowörter als eigenständige Formen in Wort- und Satzrahmen eingefügt werden. In Abbildung 8 sieht man, wie Komposita von P.s Sprachsystem hinsichtlich des Kopfrichtungsparameters strukturell völlig zielkonform erzeugt werden. Im Deutschen ist der Kopfrichtungsparameter für Kopf rechts spezifiziert. Sogenannte endozentrische Determinativkomposita sind im Deutschen dadurch charakterisiert, dass das Erstglied das Zweitglied des Kompositums spezifiziert (ein Wein-glas ist ein spezielles Glas und keine besondere Form eines Weines). P. verwendet solche Komposita mit seinen Protowörtern, um die Bedeutung existierender Zielformen wiederzugeben. Er folgt dabei den gleichen morphologischen Prinzipien und setzt die phonologischen Formen ein, die hinsichtlich der Bedeutung an die entsprechende Stelle des Strukturbaumes gehören. Interessanterweise greift er auch auf exozentrische Strukturen zurück (aus solchen Konstruktionen lässt sich die Bedeutung nicht aus den zwei gegebenen Gliedern ableiten. So ist ein Geisterfahrer nicht jemand, der Geister durch die Gegend fährt [vgl. Vater 1996]), um auf etwas zu referieren, wie z.B. auf o (offenes O) für Hörnchen.

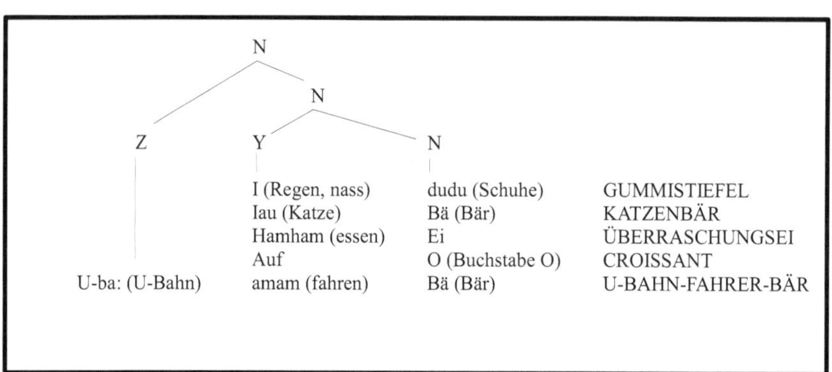

Abb. 8: *Komposita in P.s Sprachproduktion*

Auch auf Satzebene verwendete P. alle ihm produktiv zur Verfügung stehenden strukturellen Möglichkeiten. Es waren noch keine elaborierten Satzrahmen vorhanden (nur einfache Verbalphrasen), was wahrscheinlich mit den fehlenden Flexionsmarkierungen aufgrund der phonologischen Beschränkungen zusammenhing.

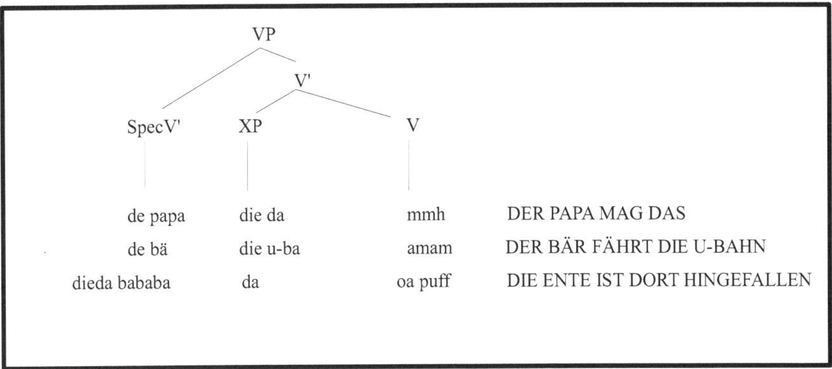

Abb. 9: *Verbalphrasen in P.s Sprachproduktion*

Wie sah nun aber P.s phonologischer Sprachstand im Detail aus? Da er so viele Protoformen produzierte, war eine Beurteilung mithilfe standardisierter Tests nicht möglich, ja geradezu kontraindiziert. Diese Tests beurteilen den Sprachstand gerade unter Maßgabe von Zielwörtern der Erwachsenensprache, deshalb geben sie bei Kindern wie P. keine Auskunft über das ihm eigene phonologische System. Vielmehr noch kann eine zielwortorientierte Prozessanalyse hier einen inkonsequenten Output erzeugen, der in dieser Form im normalen Sprachgebrauch niemals auftreten würde. Es sei hier nur angedeutet, dass bestimmte Störungsklassifikationen also eher ein Beiwerk einer nicht vom kindlichen Sprachsystem ausgehenden Diagnostik und Zielsprachorientierung sind als genuine Krankheitsbilder. Im Lichte dieser Überlegungen scheint uns also eine Spontansprachdiagnostik verbunden mit linguistischem Know-how in solchen Fällen die angemessenere Variante zu sein.[20]

Auffallend in P.s Spontansprachproduktionen war, dass er keine Koda-Plosive produzierte (so produzierte er seine Lieblingsfernsehfigur Bob (der Baumeister) als [bo:]. Um die Annahme von Problemen mit Koda-Plosiven zu überprüfen, wurde die Produktion nicht über Zielwörter, sondern im Rahmen einer Nicht-Wort-Wiederholungsaufgabe getestet. Diese Nicht-Wörter bestanden aus einfachen CVC-Strukturen und allen möglichen Lautklassenkombinationen in Onset und Koda (siehe Anhang II).

Bei der Testung ergab sich, dass alle Kombinationen außer Plosiven in der Koda und Liquid-Kombinationen allgemein nicht produziert werden konnten. Diese Ergebnisse wurden durch eine Spontansprachanalyse weiter erhärtet. Abbil-

20 Im Anhang III finden Sie hierzu ein einfaches Spontansprachscreening (adaptiert von Stoel-Gammon 1996).

dung 10 zeigt die prozentuale Verteilung der initialen Demisilben innerhalb einer Menge von 1884 Silben. Alle Lautklassen außer Liquida werden produziert, Plosiv-Vokal-Verbindungen sind hier die frequenteste Form.

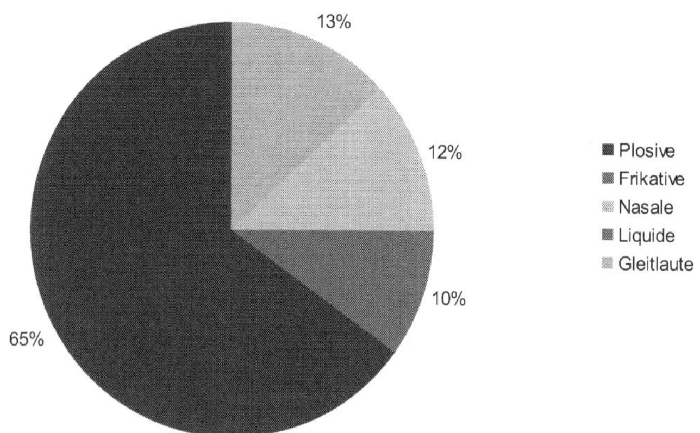

Abb. 10: *Verteilung initialer Demisilben*

Final, also in der Silbenkoda, finden wir ein anderes Verhältnis der Lautklassenproduktion. Auch hier werden Liquida gar nicht realisiert, zudem aber, und dies ist wirklich erstaunlich, auch keine Plosive. Obwohl also initial Plosiv-Vokal-Demisilben präferiert sind, sind Vokal-Plosiv-Demisilben gar nicht möglich. Präferiert sind vielmehr reine Vokaldemisilben, also CV-Silben:

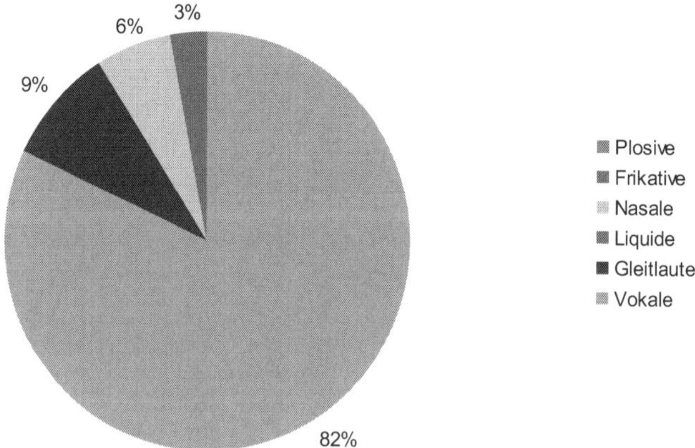

Abb. 11: *Verteilung finaler Demisilben*

Die Verteilungsverhältnisse zeigen sehr schön, warum man nicht von einem eigentlichen Problem mit Liquida sprechen kann. Während Plosive an sich erworben sind, aber in der Realisierung silbenpositional beschränkt sind, sind Liquida in gar keiner Position zu finden, demnach also noch nicht erworben. Dies entspricht dem Lautklassenerwerb nach Gierut (vgl. Kapitel 4.1), wonach Liquida und Affrikata erst auf den Stufen IIIa und IIIb erworben werden. P. befände sich hiernach auf Stufe II der Erwerbsreihenfolge.
Alles in allem zeigen die Verteilungen, dass die Produktionen von P. mit der Markiertheitstheorie von Clements (Kapitel 2.3) erfassbar sind. Plosiv-Vokal-Verbindungen sind initial nicht-komplex bzw. unmarkiert, hier gibt es keine Probleme für den Sprachprozessor. Vokal-Plosiv-Verbindungen sind final allerdings die komplexeste, das heißt markierteste Form. Hier zeigen sich eindeutig Sprachverarbeitungsschwierigkeiten.
Wie kann man nun ein solch besonderes Sprachproduktionsmuster modelltheoretisch erfassen? Fassen wir kurz zusammen. Wie bei L. ist das Input-Lexikon intakt, das bedeutet, dass, wenn überhaupt, phonologisch reduzierte Formen nur im Output-Lexikon gegeben sind. Protowörter sind Formen, die in ihrer phonologischen Form keinen Bezug zu Zielformen der Erwachsenensprache haben. D.h., sie können wie die Produktionen von Jargon-Aphasikern (siehe Kapitel 3) als Formen betrachtet werden, die eine Ersatzfunktion erfüllen. Der Unterschied ist nur, dass bei Jargon-Aphasikern diese Funktion aufgrund eines blockierten Output-Lexikonzugangs einsetzt, während sie im frühen Spracherwerb durch ein nicht hinreichend gefülltes Output-Lexikon aktiviert wird. Wie oben dargestellt, zeigen auch die Produktionen von P. die Tendenz, vorwiegend aus nicht-komplexen Demisilben zu bestehen – ebenfalls ein Charakteristikum, das bei den Silben von Jargon-Aphasikern beobachtet werden kann. Somit scheint bei P. der Zufallsgenerator aufgrund der frühen Plateaubildung immer noch aktiv zu sein. Die morphosyntaktischen Formen sind zwar nicht altersadäquat, doch dies kann, wie oben schon angedeutet, damit zusammenhängen, dass die für die Satzstruktur relevante Flexionsinformation durch die phonologischen Silbenkoda-Beschränkungen nicht eingefügt werden kann. Aus diesem Grunde wird die morphosyntaktische Plateaubildung hier als Beiprodukt der phonologischen betrachtet.

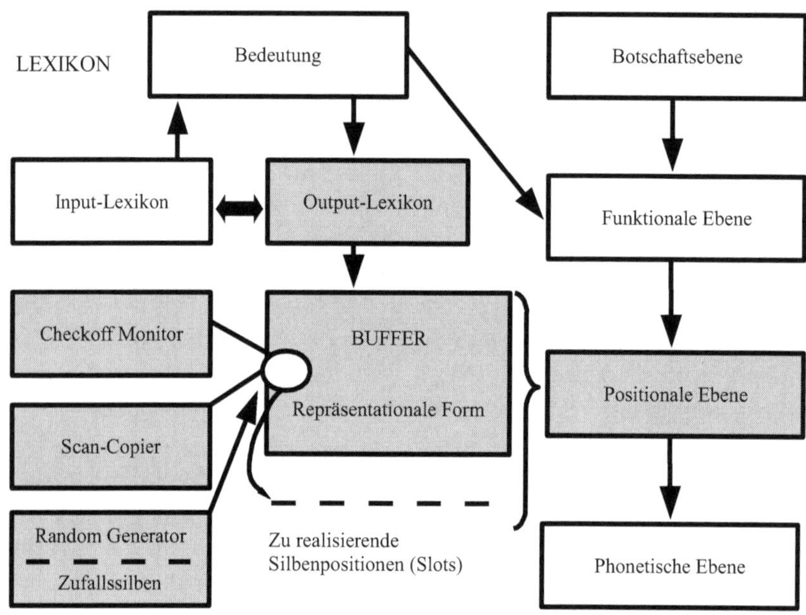

Abb. 12: *Therapiemodule (therapierrelevant = grau)*

Alle drei Therapieprinzipien, die bei L. ihre Anwendung fanden, kamen auch bei P. zum Einsatz. Noch stärker als bei L. trat allerdings das Prinzip MAFMEK in den Vordergrund. Um nicht das Störungsbewusstsein zu fördern, wurde anfänglich ausnahmslos über den Pfad der Nicht-Wort-Produktion gegangen. Dies erscheint auf den ersten Blick kontraintuitiv, da ja doch oberflächlich das Problem ist, dass P. ja gerade nicht genügend Zielwörter produziert. Warum soll man dann bitte gerade mit Nicht-Wörtern arbeiten und das Störungsbild noch stützen? Machen Sie sich bitte noch einmal das Prinzip von MAFMEK bewusst. Hier geht es um die phonologische Form und nicht darum, was für uns Erwachsene ein sinnvolles Wort ist. Indem wir dem kindlichen Sprachsystem entgegen kommen und ihm einen Input geben, den es zurzeit verarbeiten kann, hier also einen Input ohne Bezug auf die Bedeutung-Form-Beziehung der Erwachsenensprache, geben wir ihm in einem gewissen Sinne ein Time-out zur Korrektur. Wir entlasten es in diesem Sinne praktisch vom kontextuellen Zwang der Alltagssprache. Schauen wir uns nun aber an, ob die Demisilben wirklich die Relevanz hatten, die wir ihnen zusprachen und ob auch hier mit der Befolgung der Therapieprinzipien Erfolge erzielt werden konnten.

Im Zuge der ambulanten Therapie im Alter von 5;3 bis 5;5 Jahren konnten in der Spontansprache von P. drei Mikroschritte in der phonologischen Entwicklung identifiziert werden. In Phase I (Plateauphase) produzierte P. keine Plosive in VC-Demisilben. Die Übergangsphase (Phase II) war durch das Ersetzen silbenfinaler Plosive durch sonorantere Laute (Nasale) gekennzeichnet. In Phase III (Zielformphase) produzierte P. Plosive in VC-Demisilben zieladäquat (vgl. Tabelle 3).

Lautklasse	Phase 1 (Plateauphase)		Phase II (Übergangsphase)		Phase III (Zielformphase)	
	Produktion	Ziel	Produktion	Ziel	Produktion	Ziel
Nasale	[?am] [ham]	an essen	[main] [baon]	Main Baum	[bain] [noin]	Bein Neun
Frikative	[?ec] [?ox]	ich hoch	[haof] [?ais]	Haus Eis	[maos] [paf]	Maus Fass
Plosive	[bo] [pao]	Bob papp	[baon] [ban] [don] [baon] [han]	Boot Bad tot baut hab'	[bo:t] [ba:t] [hu:t] [bet]	Boot Bad Hut Beet

Tab. 3: *Phasen des Demisilbenerwerbs*

Die Übergangsphase, in der Plosive durch „einfachere", d.h. in dieser Silbenposition unmarkiertere Phoneme (Nasale) ersetzt wurden, dauerte nur eine Woche. Durch diese Ersetzung offenbarten sich nun auch in der realisierten Lautform selbst die Probleme mit der Produktion von markierten Vokal-Plosiv-Demisilben. Die Etablierung von letztgenannten Formen führte zu gravierenden Systemneustrukturierungen. Im Alter von 5;8 Jahren erlangte P. in einem Wortschatztest (AWST-R; Kiese-Himmel 2005) einen Prozentrang von 77% (t-Wert: 57). Ein t-Wert von 40-60 ist ein durchschnittliches Ergebnis für das Lebensalter von 5;5 Jahren (Höchstalter für diesen Test). Da P.s Ergebnis aber im oberen Bereich angesiedelt ist, kann man für sein Lebensalter von einem durchschnittlichen Wortschatz ausgehen. Diese beeindruckenden Fortschritte wurden auch in einer Spontansprachtestung mit ESGRAF (Motsch 1999) im Alter von 5;9 Jahren auf morphologischer und syntaktischer Ebene dokumentiert.

Morphologisch wurden die Flexive –n und –t realisiert, die Modalverben *wollen* und *dürfen* wie auch indefinite Artikel traten auf. Der Plural (alle Formen ausschließlich -(e)n; -s wurde übergeneralisiert) wurde produktiv markiert. Da P. nun nur noch Zielwörter produzierte (interessanterweise konnte er sich nicht mehr an seine Protowörter erinnern), konnte der Wert für die mittlere Satzlänge ermittelt werden (engl. Mean Length of Utterance = MLU). Er betrug 3.11. Satzstrukturell hatte eine klare Ausweitung auf mehr Positionen stattgefunden. Für die nun produzierten Zielwörter waren nun mehr „Landeplätze" vorhanden, sodass man aufgrund dieser Strukturerweiterung schon Inversion beobachten konnte, d.h. die Umstellung von Elementen im Satz. In Abbildung 13 ist das Subjekt *wir* in zwei unterschiedlichen Positionen realisiert. Einmal vor dem Modalverb dürfen am Satzanfang und einmal in seiner Basisposition (also unbewegt) in der Position nach dem Hilfsverb.

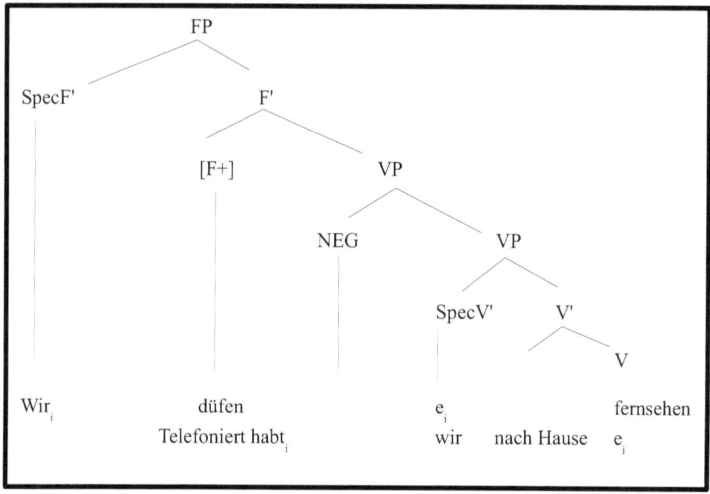

Abb. 13: *P.s Satzstruktur*

Dass morphologische Flexionsformen realisiert werden konnten, die letztlich auch elaboriertere Satzkonstruktionen verursachten, hatte anscheinend als phonologische Voraussetzung den Erwerb aller Lautklassen in finalen, zweipositionalen Demisilben. Solange die Beschränkung qua Demisilbenkomplexität dominierte, wurden vor allem nicht-komplexe V-Demisilben gebildet, sodass keine Flexionsformen angefügt werden konnten.

Zudem fand auf phonologischer Ebene selbst ein Strukturausbau statt. Das reine Silbenskelett wurde zur maximalen Silbe hin erweitert, auch wenn diese Form nur niedrig-frequent produziert wurde (vgl. Abbildung 14). Eine solchermaßen ausgebaute CV-Struktur bedingt wohl die Auflösung von Homophonen, d.h. Worten mit gleicher Lautform, aber unterschiedlicher Bedeutung. Kurz, die Produktion von schon vorher abgespeicherten Wortformen wird durch den Ausbau dieser phonologischen Positionen angetrieben. Dass die Wortformen schon im Output-Lexikon gegeben waren, ist sehr wahrscheinlich, da die rasanten Entwicklungen innerhalb der 2-3 Monate kaum mit zeitlichen Erwerbsreihenfolgen im ungestörten Erwerb vergleichbar sind. Diesen Sprung von einem Spracherwerb in Zeitlupe zu einem Spracherwerb in Zeitraffer kann man wohl nur mit obiger Erklärung fassen.

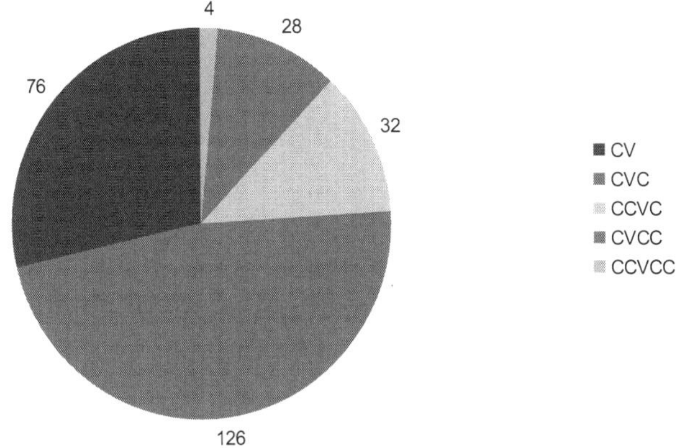

Abb. 14: *Erwerb der CV-Struktur (n = 266)*

Wir können also festhalten, dass der Erwerb von Vokal-Plosiv-Demisilben einen Bootstrapping-Effekt (vgl. Kapitel 1.3 und 5.1) auf die (flexions-)morphologische und syntaktische Ebene in dem Sinne hatte, als dass der Einstieg in diese Ebenen durch die Überwindung eines Komplexitätsplateaus erst möglich wurde. Bei Bestehen dieses Plateaus fand ein Abgleich zwischen den Ebenen statt, den man in einer Ökonomieregel so formulieren könnte: „Produziere nur die morphologischen und syntaktischen Muster, die auch phonologisch realisierbar sind, damit das Sprachsystem vor häufigen Überlastungen geschützt wird". Mit Protowörtern kann keine Flexionsmorphologie und somit auch kein komplexer Satz produziert werden. Sie sind aber in Anbetracht der obigen Darlegungen, spezifischer aufgrund ihres Gebrauchs in Komposita und Verbalphrasen, als vollwertige phonologische Formen anzusehen, die aufgrund ihrer geringen Demisilbenkomplexität einfach zu produzieren sind und deshalb im frühen Spracherwerb häufig als Träger von Bedeutung verwendet werden.
Die adäquate diagnostische Einordnung von Protowörtern und ihrer Rolle in P.s Störungsmuster ist letztlich, dies soll am Ende dieses Kapitels betont werden, ohne die Beachtung silbenpositionaler Markiertheitsmuster und der Interaktionen zwischen den sprachlichen Ebenen nicht möglich.

6.2 Störungen der Lautsprachproduktion II: die Rolle der Gebärdensprache

„Jona sprach lange überhaupt nicht. Zufällig entdeckte ich die Gebärdenunterstützte Kommunikation und habe Gebärden ... gepaukt und angewandt. Jona übernahm zuerst die Gebärden dann lautierte er zu den Gebärden, und als seine Worte verständlich wurden, ließ er die Gebärden weg. Er fand dann in kürzester Zeit in die Lautsprache"
(Zitat aus einer Fragebogenstudie, vgl. Wegener 2007).

Wie wir in Kapitel 2.2 gesehen haben, werden die menschlichen Sprachen in zwei Modalitäten verarbeitet, in der akustisch-artikulatorischen (Lautsprachen) und der visuell-gestischen (Gebärdensprachen) Modalität. Viele Gebärdensprachen sind in ihren spezifischen phonologischen, morphologischen, lexikalischen und syntaktischen Strukturen, in ihrer Einzigartigkeit und ihrem von der jeweilig umgebenden Lautsprache vollständig unabhängigen formalen Aufbau bereits erforscht (vgl. z.B. Perniss u.a. 2007). Andere in Pädagogik und Therapie verwendeten Formen wie lautsprachbegleitendes oder lautsprachunterstützendes Gebärden sind im strikten Sinne keine Gebärdensprachen, sondern von der jeweilig umgebenden Lautsprache abhängige Hilfssysteme. Studien zum muttersprachlichen Erwerb von Gebärdensprachen (Emmorey 2002; Leuninger & Happ 2005) belegen, dass die Kinder (hörgeschädigte oder hörende Kinder gehörloser Eltern) Stadien durchlaufen, die denen von Lautsprache erwerbenden Kindern gleichen (siehe Anhang IV), dass es ebenso kritische Erwerbsphasen gibt, und insbesondere, dass Gebärdenwörter nicht früher erworben werden als lautsprachliche Wörter. Und Studien zur neuronalen Repräsentation von Gebärdensprachen (vgl. Huber & Klann 2005) belegen, dass diese dieselben Verarbeitungs- und Störungsmuster zeigen wie Lautsprachen.

Therapeutische Perspektiven: Sprachanbahnung durch Gebärdensprache
Kann man Gebärdensprachen zur Aufhebung von lautsprachlichen Schwierigkeiten von Kindern nutzen? In Studien aus den USA (bspw. Barerra u.a. 1980) konnte nachgewiesen werden, dass der therapeutische Einsatz von Gebärdensprachen, vor allem in Kombination mit der Lautsprache (Total Communication), Sprechblockaden lösen und somit den Zugang zur Lautsprache eröffnen kann. In diesem Ansatz werden visuelle Symbole (Gebärden, Gesten und grafische Symbole) zur Förderung oder Anbahnung der Lautsprache bei Kindern mit diversen Störungen (z.B. Autismus, kognitiven Beeinträchtigungen, Hörbeeinträchtigungen, artikulatorischen Schwierigkeiten und spezifischen Sprachentwicklungsstö-

rungen) verwendet, und zwar wenn das betroffene Kind keine kommunikativen Mittel hat, wenn die Rede unverständlich ist oder auch, wenn Unsicherheiten in der Kommunikation bestehen (vgl. Wijkamp u.a. 2010). Die Intervention sollte dabei so früh wie möglich erfolgen (Solot u.a. 2000). Dass sich Total Communication negativ auf die Motivation zu sprechen auswirkt und gar dazu führen kann, dass keine Lautsprache entwickelt wird, können empirische Daten nicht belegen (Cress & Marvin 2003; Reichle u.a. 2002). Im Gegenteil: Die Sprech- und Sprachentwicklung verbessert sich, der Wortschatz wächst an, die lautsprachliche Kommunikation im Allgemeinen und die psychosoziale Entwicklung werden gefördert (Romski & Sevcik 2005; Goldstein 2002). In der Forschungsliteratur zu Total Communication wird vor allem von Einzelfallstudien mit autistischen Kindern berichtet, es finden sich aber auch einige Studien zu Kindern mit Down-Syndrom, hauptsächlich zum Zusammenhang von Total Communication und der Förderung der Sprachproduktion. Ein Vergleich verschiedener Interventionsansätze (nur Lautsprache, nur Gebärdensprache, Total Communication) erbrachte das aufschlussreiche Ergebnis, dass Total Communication eine vielversprechende Methode zur Sprachanbahnung und Sprachförderung ist (Barrera u.a. 1980; Barrera & Sulzer-Azaroff 1983; Wijkamp u.a. 2010). Insbesondere konnte beobachtet werden, dass die Kinder einige Wörter, die sie während des kontrollierten Trainings erworben hatten, spontan zu nutzen begannen (Barrera u.a. 1980).

Der frühzeitige Einsatz modalitätsübergreifender Interventionsverfahren kann in den entscheidenden Phasen des Spracherwerbs durch den Kontakt mit einer vollwertigen Sprache den notwendigen Input liefern[21] und somit den Weg in die Sprache, das Sprechen und die Kommunikation ebnen. Nicht immer ist jedoch klar, ob wirklich Gebärdensprache oder bloß gebärdenunterstützte Mittel verwendet werden. Das von uns zugrunde gelegte Konzept „Sprachanbahnung durch Gebärdensprache" setzt nicht auf solche (Hilfs-)Mittel, sondern auf die Deutsche Gebärdensprache. Denn gemäß dem methodologischen Grundsatz der kognitiven Linguistik (sogenannte Nullhypothese) muss bis zum Beweis des Gegenteils davon ausgegangen werden, dass das Kind über ein vollständiges Spracherwerbsprogramm verfügt und damit das Recht hat, einen Input aus einer vollwertigen Sprache zu erhalten.

21 Hierbei legen wir ebenso die Theorie der Universalgrammatik (UG) zugrunde (Chomsky 1981). Diese geht davon aus, dass das Kind ein angeborenes Inventar von Eigenschaften (Prinzipien) und Restriktionen (Parametern) besitzt. Durch den eigentlich unzureichenden und oft fehlerhaften Input (Poverty of Stimulus) ist es dem Kind so dennoch möglich, sich durch die Parameterbelegung die vollständige Grammatik seiner Sprache zu erschließen. Das Prinzip der UG funktioniert modalitätsunabhängig.

Daher soll Gebärdensprache, in unserem Fall die Deutsche Gebärdensprache, die unterschiedlich bedingten Sprechblockaden von Kindern lösen. Der bimodale Input, also die Kombination von Laut- und Gebärdensprache, soll die Sprechblockade lösen, eine vollwertige Sprache anbahnen und somit die Kommunikationsfähigkeit und die gesamte sprachliche und auch psychosoziale Entwicklung des Kindes verbessern bzw. fördern. Mit der Gebärdensprache soll es dem Kind ermöglicht werden, einen unbeschwerten Zugang zur Sprache (Lautsprache oder Gebärdensprache oder beides) zu finden.

Die von uns betreuten Kinder verfügen nur über ganz wenige lautsprachliche Wörter und keine Äußerungen mit syntaktischer Strukturierung (Phrasen oder Sätze). Daher können sie auch nicht mit Therapien für spezifische Sprachentwicklungsstörungen behandelt werden. Wir sind bei unseren Interventionen mit Sprechblockaden konfrontiert, die unter unterschiedlichen Bedingungen auftreten können. So ist eines der beiden im Folgenden dargestellten Kinder ein Kind mit der Mikrodeletion 22q11, einem genetischen Syndrom. Wie Siegmüller (2006) zu Recht bemerkt, ist wenig über den Verlauf der sprachlichen Beeinträchtigungen bekannt. Die vom Kompetenzzentrum Sprache der Universitätsklinik Frankfurt am Main durchgeführte Fragebogenstudie bestätigt Siegmüllers Beobachtung, dass die Sprachentwicklung generell verzögert ist, jedoch kommt es teilweise auch zum „Ausbleiben der Sprachproduktion, wobei unklar ist, ob es sich um organische Ursachen handelt oder eine Störung im Sprachsystem“ (S. 107). Diese zutreffende Überlegung gilt a fortiori für die Gruppe von Kindern, die hier von Interesse ist. Lässt sich die Sprechblockade mit einem gebärdensprachlichen Angebot lösen, wobei es zunächst unerheblich ist, welche Sprache(n) das Kind „wählt“, so ist dies ein Beleg dafür, dass es sich um eine Produktionsstörung handelt und die abstrakte sprachliche Struktur vorhanden gewesen sein muss. Insbesondere, das muss nochmals betont werden, wird dem betroffenen Kind eine „echte“ Sprache angeboten, nämlich die Deutsche Gebärdensprache, und nicht irgendwelche Kommunikationsformen, die eben gerade nicht die für Sprachen charakteristischen Eigenschaften haben. Die Förderung der Kommunikationsfähigkeit ist „nicht primäres Ziel, der kommunikative Kontext bildet jedoch den Rahmen der Therapie“, denn „Sprache ist ein eigenständiges System, das trotz Interaktion mit nicht-sprachlichen Entwicklungsbereichen spezifisch gefördert werden sollte.“ (Kauschke 2006: 107)

Leitfaden für die Intervention

- Überprüfen der rezeptiven Fähigkeiten
- Ermitteln des Hörstatus
- Ermitteln der Beeinträchtigung (Sprechblockaden aufgrund genetischer Syndrome/nicht-genetisch bedingter Störungen)
- Szenario Hausbesuche:
  a) Teilnehmer: Signer, evtl. Familienmitglieder
  b) Übungs-DVD mit Gebärden- und Lautsprache
  c) Gemeinsames Betrachten von Bilderbüchern (alters- und geschlechtsangemessen)

Wir verstehen unsere Herangehensweise nicht vornehmlich als Sprachtherapie, sondern als Sprachangebot in einer natürlichen Erwerbssituation. Mit diesem Konzept betreten wir Neuland. Über den Erfolg unseres Konzepts wussten wir zu Beginn nicht viel. Wenig ist ja bekannt über die Wirkweise eines bilingualen und bimodalen Sprachangebots bei hörenden Kindern. Andererseits wissen wir aus Studien mit gehörlosen Kindern, dass der Erwerb einer Muttersprache die entscheidende Grundlage für den Erwerb einer zweiten Sprache ist. Nur gehörlose Kinder, die eine Gebärdensprache als Muttersprache in der kritischen Phase erworben haben, schaffen es, bspw. die deutsche Schriftsprache zu erwerben. Viele frühe „Fehler" in diesem Zweitspracherwerb sind mit der Struktur ihrer Muttersprache zu erklären, sind also eigentlich keine Fehler, sondern erwartete Formen, etwa in dem folgenden Satz eines gehörlosen gebärdensprachkompetenten Mädchens (vgl. Leuninger u.a. 2004):

1	Sein Haus nahe da Person gehörlos. „In der Nähe seines Hauses wohnt eine gehörlose Person."

Die Reihenfolge der Wörter und das Fehlen eines Verbs sind vollständig aus dem gebärdensprachlichen Modell zu erklären:

2	SEIN $HAUS_A$ NAHE DA_A PERSON GEHÖRLOS

DA kann in DGS wie ein Verb verwendet werden und ersetzt in gewisser Weise das Hilfsverb („ist") und Adjektive stehen nach dem Nomen.

Wir berichten im Folgenden von zwei Kindern, M. und T., die wir mit unserem Konzept betreut haben.

Material und Methode

Exemplarisch schildern wir nun unser Vorgehen, den ersten Informationsbesuch und das typische Szenarium eines Hausbesuchs. Zunächst findet ein informatives Treffen mit den Eltern des betroffenen Kindes statt. Hier beschreiben wir den Ansatz, den wir anbieten (siehe die den Eltern zur Verfügung gestellte Kurzbeschreibung in Anhang VI). Wir bitten auch die Eltern, eine Erklärung zu unterschreiben, in der sie ihr Einverständnis zu den in den Sitzungen gemachten Videoaufnahmen und der wissenschaftlichen Verwendung der erhobenen Daten geben. Dann werden Termine in einwöchigen Abständen ausgemacht. Die Dauer der Besuche ist minimal 30 Minuten. Aufgrund von Erkrankungen kann natürlich der Fall eintreten, dass der wöchentliche Rhythmus unterbrochen werden muss. Danach beginnt das Projekt der Anbahnung der Lautsprachproduktion durch Gebärdensprache.

Bei den Besuchen sind eine gehörlose gebärdensprachkompetente Signerin und eine hörende Mitarbeiterin anwesend. Das Kind schaut gemeinsam mit der Signerin ein in seinem Zuhause verwendetes Bilderbuch an. Die Bilder werden mit Gebärdenwörtern benannt, wobei die Auswahl der Bildbenennungen von der Signerin oder den Vorlieben des Kindes ausgeht – ganz ähnlich, wie es im normalen Sprachalltag auch üblich ist. Das bedeutet, es gibt kein vorstrukturiertes Prozedere bzw. keine vorab festgelegten Abfolgen. Das Kind imitierte auf seine Weise, wie wir sehen werden, die Gebärde sofort oder auch verzögert. Neben den Bildbenennungen mit einzelnen Gebärdenwörtern äußerte die Signerin auch gebärdensprachliche Sätze zur Beschreibung der abgebildeten Szenen. Wünschenswert ist, dass Familienmitglieder (Eltern bzw. ein Elternteil und Geschwister) bei dem Sprachangebot ebenfalls anwesend sind, damit die Situation so natürlich wie möglich in den Alltag des Kindes eingebettet ist. Aber dies ist nicht der einzige Grund: Es steht ja den anderen Familienmitgliedern frei, sich am Gebärden oder Sprechen, ja an der Kommunikation zu beteiligen. Damit lässt sich ein bilingual-bimodaler Modus erzeugen, in dem das Kind so spielerisch und ungezwungen wie möglich den Weg in die Lautsprache bzw. in die Laut- und Gebärdensprache finden kann.

In den folgenden Abschnitten zeigen wir also, wie sich zwei Kinder mit Sprechblockade kreativ die Lautsprache bzw. die Laut- und Gebärdensprache erschließen.

Das gebärdensprachliche Angebot erhielten die beiden Kinder M. und T. zu Hause in einem Zeitraum von 16 (M.) bzw. 28 (T.) Wochen mit 10 (M.) bzw. 15 (T.) Besuchen einer gehörlosen Signerin. Als Material verwendeten wir zweierlei: zum einen eine von uns erstellte DVD, auf der Bilder mit Einzelwörtern, Phrasen (vor allem Präpositionalphrasen) und Sätzen simultan in Laut- und Gebärdensprache benannt werden, sowie Bilderbücher. Präpositionen und die entsprechenden Phrasen sind für spracherwerbende Kinder häufig schwierig (Kidd & Balvin 2005; Rohlfing 2006). Am einfachsten scheinen die Präpositionen *auf* und *in* zu sein. So konnte Rohlfing (2006) in ihrer Acting-out-Studie mit polnischen Kindern im Alter von 20-26 Monaten zeigen, dass die Präpositionen *auf* und *in* besser verstanden werden als die Präposition *unter* (im Polnischen *pod*). Sie erklärt dies damit, dass die Relation, die durch unter ausgedrückt wird, weniger mit den geometrischen Verhältnissen, sondern mehr mit der Funktion Verstecken in Verbindung gebracht wird. Die Schwierigkeit der Kinder kann nicht mit phonologischer Komplexität erklärt werden, denn im Gegensatz zum Deutschen ist im Polnischen die entsprechende Präposition ja einsilbig. Bis zum Alter von 2 Jahren sind räumliche Präpositionen erworben (Grela u.a. 2004), der Erwerb des gesamten Präpositionssystems dauert bis ins Vorschulalter an. Dass sehr junge Kinder schon präpositionale Kenntnis haben, zeigt auch die Studie von Fisher, Klingler & Song (2006). Sie belegt, dass bereits 2-jährige Kinder die Argumentstruktur von Sätzen ableiten können, die Präpositionen (hier Kunstwörter) enthalten.

In unserer Fragebogenstudie geben viele Eltern an, dass ihre Kinder Schwierigkeiten mit Präpositionen haben (vgl. Maas 2008). Mit Präpositionen lässt sich auch ein Zugang zur Grammatik eröffnen. Präpositionen eignen sich aus mehreren Gründen: Zum einen haben sie einen kognitiven Aspekt (sie drücken sprachlich bspw. räumliche Beziehungen aus), sie sind aber auch beteiligt an komplexeren Strukturen in Prädikaten und in der Grammatik von Sätzen. Präpositionen können also Vorläuferkonstruktionen für komplexere sprachliche Beziehungen sein.

In der Deutschen Gebärdensprache werden bei bestimmten Verben (sogenannten Raumkongruenzverben) die raumlichen Beziehungen zwischen den NP's durch Verortung und nicht durch getrennte Gebärden für Präpositionen ausgedrückt. Hier ein Beispiel:

Gebärde	**Lautsprache**
STUHL$_A$KATZE LIEGT-AUF$_A$	[di:katsəli:ktaofde:mʃtu:l]

Abb. 15: *Lokale Beziehungen in der Deutschen Gebärdensprache vs. Deutsche Lautsprache*

Zunächst wird die Gebärde für „Stuhl" ausgeführt, an den Raumpunkt von Tisch (markiert mit A) wird nach der Gebärde für „Katze" die Verbgebärde für „darauf liegen" gebärdet (markiert mit AUF-A). Die Gebärdensprache ist ja eine Raumsprache und nutzt für Ortsbeziehungen die linguistische Topographie dieses Raums aus, ist also vermutlich der kognitiven Struktur näher als die mit Präpositionen arbeitenden Lautsprachen. Dass lautsprachliche Präpositionen zunächst schwierig sind, zeigen die folgenden Beispiele; mithilfe von Komposita werden die kognitiv bereits vorhandenen räumlichen Beziehungen ausgedrückt (Daten aus Hohenberger 2002):

3	rünesossehand (2;1) ← Grünesoßehand „Grüne Soße an der Hand"

4	Kind zur Mutter: Du mainufermann (2;1) „Mann am Mainufer"

Die DVD schauten sich M. und T. regelmäßig zusammen mit ihren Familien an.

Kind M: Weg zur Lautsprache

Der Junge M. war zum Zeitpunkt unseres ersten Besuchs 3;7, zum Zeitpunkt der letzten Sitzung 3;11 Jahre alt. Im Alter von sieben Monaten wurde ein angeborener Herzfehler operativ behandelt und mit einem Jahr wurde dann die Diagnose einer Mikrodeletion 22q11 (MD 22q11; siehe Anhang V) gestellt. Eine Gaumenspalte wurde nicht festgestellt. Aufgrund von Paukenergüssen liegt wahrscheinlich eine (zeitweise) Beeinträchtigung des Gehörs vor. Zum Zeitpunkt des ersten Besuchs sprach er nur einige einzelne Wörter (*Mama, Papa, ja, nein*). Seit seinem 3. Lebensjahr ist er in logopädischer Behandlung und besucht außerdem einen integrativen Kindergarten. Im Gespräch mit den Eltern und in eigenen Beobachtungen wurde deutlich, dass M. aufgrund seiner defizitären Sprachproduktion und der dadurch eingeschränkten Kommunikationsmöglichkeiten oft unruhig ist und viel weint. Um zu kommunizieren, nutzt er häufig (Zeige-)Gesten.

Mittelohrentzündungen und Paukenergüsse können sich negativ auf das Hörvermögen auswirken. Ist dieses vorübergehend beeinträchtigt und „übersteigt eine eingeschränkte Jahreshörbilanz von mehr als 20-30 dB den Zeitraum von drei Monaten, so nimmt dies bereits deutlich Einfluss auf die Sprachentwicklung" (Sader u.a. 2006: 200). Diese Einschränkung des Hörvermögens kann sich vor allem negativ auf das sogenannte Bootstrapping, eine Strategie zur Inputsegmentation im kindlichen Spracherwerb, auswirken. Dieser Idee des Bootstrappings liegt die Annahme zugrunde, dass das Kind basierend auf bereits existierendem Wissen und Verarbeitungskapazitäten bestimmte Informationen aus dem sprachlichen Input nutzt, um sprachspezifische Regularitäten der Syntax und des Lexikons der jeweiligen Muttersprache zu erschließen (Weissenborn & Höhle 2001; siehe auch Kapitel 1.3). Zu dieser Spracherwerbsstrategie zählen prosodisches, lexiko-semantisches, konzeptuelles, morpho-syntaktisches und pragmatisches Bootstrapping. So nutzen Kinder z.B. bereits zu Beginn des Spracherwerbs prosodische Kenntnisse, um Wort- und Phrasengrenzen zu identifizieren und erschließen sich somit Lexikon und Syntax ihrer Sprache. Weissenborn & Höhle (2000) stellen die Hypothese auf, dass hauptsächlich Störungen der Bootstrappingkapazitäten zu Sprachentwicklungsstörungen führen. Auch die Sprachentwicklungsstörungen der Kinder mit einer MD-22q11 ließen sich somit zumindest teilweise durch die durch Hörstörungen beeinträchtigte Fähigkeit des Bootstrappings erklären.

Wie wir in Kapitel 2.2 gesehen haben, setzen sich Gebärdenwörter aus Elementen der vier phonologischen Merkmalsklassen (Handform, Ausführungsstelle, Handorientierung und Bewegung) zusammen. Aus der Erforschung des Erwerbs von American Sign Language ist bekannt, dass Kinder zunächst sogenannte unmarkierte Handformen benutzen, die auch in allen bekannten Gebärdensprachen vorkommen. Boyes-Braem (1990, in Boyes-Braem 1995) ermittelte in ihrer Untersuchung die folgenden Stufen des Handformerwerbs für die amerikanische Gebärdensprache:

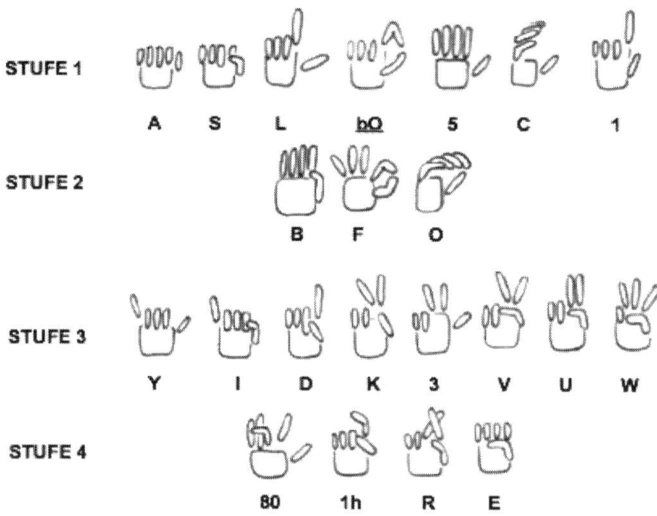

Abb. 16: *Stufen des Handformerwerbs (Schwarze 2010)*

Vor allem in den ersten Sitzungen ersetzte M. in einigen von ihm produzierten Gebärden die vorgebärdeten zielkonformen Handformen durch unmarkierte Handformen. KATZE gebärdete er z.B. nicht mit der korrekten F-Hand, sondern nutzte stattdessen die unmarkierte Handform Baby-O.

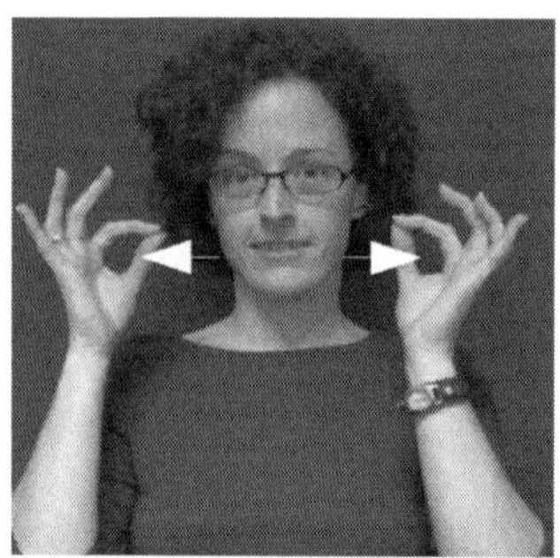

Abb. 17: *KATZE*

Ähnliches konnte auch bei den Gebärden FLUGZEUG und EISENBAHN beobachtet werden.

Abb. 18: *EISENBAHN*

Hier gebärdet M. die normalerweise mit der 3-Hand ausgeführte Gebärde für EISENBAHN mit der unmarkierten L-Handform (siehe Abbildung 18). Die Gebärden von M. belegen eindrucksvoll, dass nicht Imitation, sondern die Markiertheit, also Komplexität, die Erwerbsreihenfolge steuert, ganz genauso, wie es bei gehörlosen Kindern beobachtet wurde.
Bereits beim dritten Besuch produzierte M. erstmals auch lautsprachliche Äußerungen, zum Teil simultan zu den Gebärden. So sagte er, während er die DVD anschaute, die Wörter *Apfel* und *Schere* sowie *Babel*/GABEL, *Auto*/AUTO, *Tasse*/TASSE, *Schwein*/SCHWEIN und *Bus*/BUS. Beim vierten Besuch äußerte M. zudem die Wörter *Bus* und *Auto*, während er mit der Signerin ein Bilderbuch anschaute. Während des sechsten Besuchs produzierte M. erstmals auch lautsprachliche Äußerungen spontan und unabhängig von einer kontrollierten Situation (d.h. Bilderbuch oder DVD anschauen). Es handelte sich hierbei nicht mehr um elizitierte Äußerungen, sondern vielmehr um Äußerungen mit rein kommunikativer Absicht (vgl. Beispiele 5a-c). Äußerung 5c spiegelt zudem einen ersten Fortschritt in M.s syntaktischer Entwicklung in Form einer Präpositionalphrase wieder, *Koch* hat M. wohl aus dem Verb *kochen* abgeleitet.

5 a	M. hört draußen ein Flugzeug und sagt daraufhin: *Ugzeug*.
b	M. hört draußen ein Auto, zeigt Richtung Parkplatz und sagt: *Auto*.
c	M.s Mutter fragt: Wo gehst du hin? M. antwortet: *In die Koch* (Küche).

Während der achten Sitzung gab es erstmals mehr lautsprachliche Äußerungen als Gebärden. Ein weiterer Fortschritt zeigte sich in der Produktion der ersten

Phrase mit einem Artikel (*ein Auto*). Beim zehnten Besuch sprach er kaum noch auf Gebärden an, gebärdete selbst nur wenig und wenn, dann meistens simultan mit dem lautsprachlichen Ausdruck (z.B. *Baum*/BAUM). Zudem bildete M. das erste kreative Nominalkompositum zusammen mit dem unbestimmten Artikel: *ein Unfallauto* (gemeint ist ein Feuerwehrwagen). Dies ist auch insofern kein triviales Ergebnis, als das Kompositum ein wortsyntaktisch wohlgeformtes Gebilde ist, mit dem Kopf der Konstruktion rechts und dem Spezifikator links, wie es die für das Deutsche geltenden Regeln für Determinativkomposita erfordern. Die komplexeste Äußerung aller erhobenen Daten ist der Satz *is ein Auto bapu* (*kaputt*; Bild zeigte ein brennendes Auto). Dass hier das Subjekt fehlt, liegt an der Situation des Bilderbuchanschauens mit dem deiktischen Zeigen auf ein Bild und der Frage *Was is das?*
Zum Ende des Projekts produzierte M. z.B. die folgenden Wörter:

6 a (initiale) Konsonantendeletionen
Hase → Ase
Feuerwehrauto → Euerwehrauto
Polizeiauto → Oizeiauto

b Clusterreduktionen
Stuhl →Tuhl

c Substitutionen
Katze → Tatze (Vorverlagerung)
Katze → Watze
Gabel → Babel
Feuerwehr → Beuerwehr
Schiff → Wiff
Schiff → Fisch
Fahrrad → Fasad
Motorrad → Motosad

Insgesamt waren es 181 Wörter (im Vergleich zu 3 Wörtern zu Beginn!), davon waren 145 zielkonform, und nur ein geringer Prozentsatz waren nicht zieladäquate Formen, was wir auch bei unauffälligen Kindern erwarten. Dass es sich dabei um Produktionsfehler handelt, zeigte sich etwa daran, dass, wie oben gezeigt, *Schiff* als *Fisch* gesprochen wurde, aber gleichzeitig perzeptuell diskriminiert werden konnte.
Abbildung 19 zeigt die prozentuale Verteilung seiner lautsprachlichen Produktion von Wörtern:

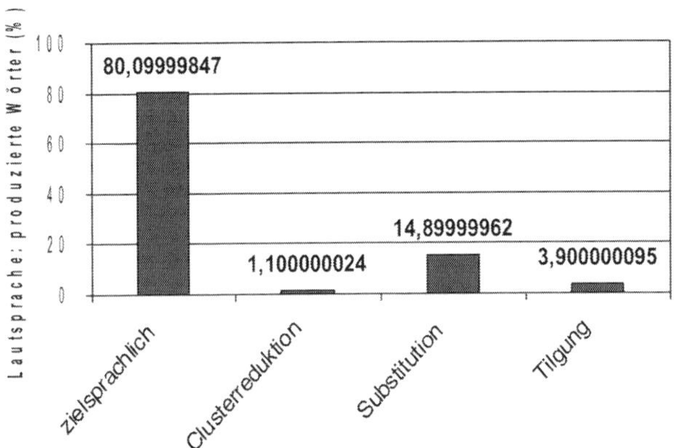

Abb. 19: *Lautsprachentwicklung (Schwarze 2010)*

Abbildung 20 zeichnet abschließend die wichtigsten Entwicklungsschritte – von der Sprechblockade über die Gebärdensprache hin zur Lautsprache – innerhalb des 16-wöchigen Untersuchungszeitraums nach.

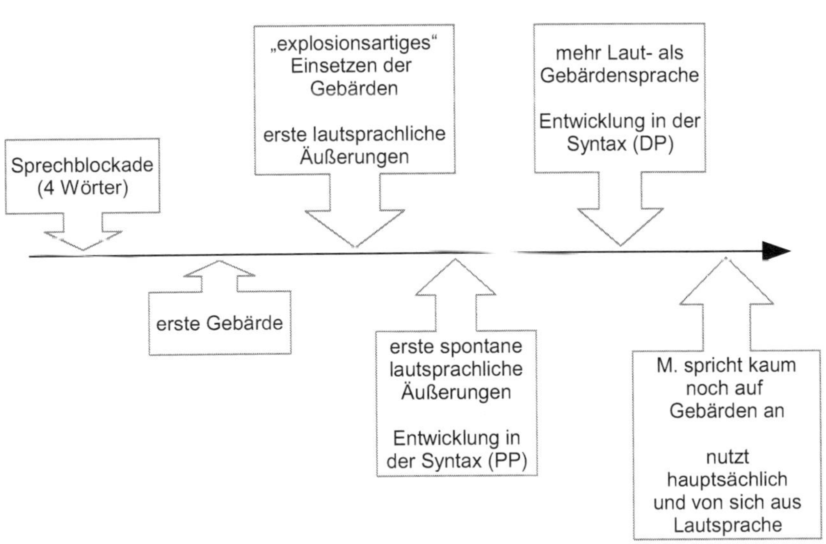

Abb. 20: *Von der Sprechblockade zur Lautsprache (aus Schwarze 2010)*

Mithilfe der Gebärdensprache konnten wir also die Sprechblockade lösen und das Kind in die Lautsprachproduktion begleiten.

Kind T.: Weg zur Zweisprachigkeit

Der Junge T. war zum Zeitpunkt unseres ersten Besuchs 9 Jahre alt und hatte eine Sprechblockade unbekannter Genese. Er produzierte nur wenige Einzelwortäußerungen (*Hunger, da, nein* ...), ansonsten verwendete er Gesten und Gebärden (er lernt in der Schule z.T. Gebärdensprache). Seine Lautsprache war phonologisch auffällig, hauptsächlich kamen Rückverlagerungen vor (wie *Fußball* → *Gußball*), aber auch andere Formen wie *Fisch* → *Disch*. Auf Anraten der behandelnden Logopädin, die von unserem Konzept erfahren hatte, entschlossen sich seine Eltern zu einem Gebärdensprachangebot.
Wegen seiner geringen Konzentrationsfähigkeit ließ sich kein Verstehenstest durchführen.
Wie M. schaut T. mit der Signerin Bilderbücher an und bittet nach Zeigen um die Gebärden. Auch seine Mutter gebärdet mit, die Schwester ist ebenfalls oft anwesend. T. gebärdet nicht gleich nach, sondern zeitverzögert. Er gebärdet auch spontan und er gebärdet auch komplexe Äußerungen nach:

7 a	T: aua (zeigt auf Finger) S: gebärdet PFLASTER DRUMMACHEN T: gebärdet das Gleiche zu der Signerin

Bilder, die auch auf der DVD sind (z.B. SCHILDKRÖTE, KÄSE, BUTTER, KATZE), benennt er spontan korrekt.

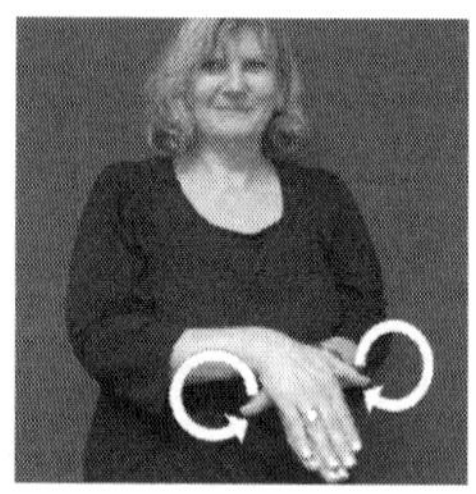

Abb. 21: *Gebärde SCHILDKRÖTE*

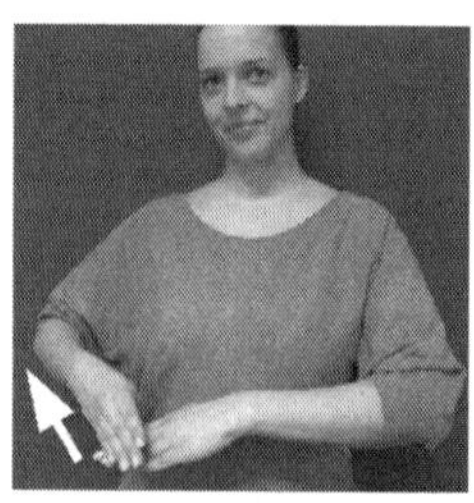

Abb. 22: *Gebärde KÄSE*

Abb. 23: *Gebärde BUTTER*

Wie M. macht auch T. erwartete Handform-„Fehler“ in DGS, z.B. gebärdet er KATZE mit der Baby-O-Handform (vgl. Abbildung 17).

Gelegentlich zeigten sich wie bei M. auch Dominanzfehler bei Zweihandgebärden. So wurde bei der Ausführung der Zweihandgebärde FUSSBALL nicht mit der rechten Hand (Faust) die Bewegung unter die linke gekrümmte Flachhand geführt, sondern umgekehrt.

Abb. 24: *Gebärde FUSSBALL*

Bald produzierte T. spontan gebärdensprachliche Äußerungen mit kommunikativer Absicht:

8	LAUT (als die Schwester im Kinderzimmer Krach macht)

Beim Betrachten der Abbildung eines Rasenmähers gebärdet T. über das Thema Rasenmähen:

9	HOHES GRAS

10	Zu AUTO: T: AUFSCHLIESSEN, ANSCHNALLEN, LOSFAHREN

T.s Gebärdensprachkompetenz entwickelt sich ähnlich wie bei M. Auch seine kommunikativen Fähigkeiten und seine Konzentrationsfähigkeit verbessern sich. Dies zeigt sich auch daran, dass er die Sitzungen mit der Signerin nie beenden will.

M. und T. unterscheiden sich in einer Hinsicht voneinander. Während, wie oben gezeigt, M. „monolingual" lautsprachlich wird, verläuft die Entwicklung von T. wie folgt:

Deutsche Gebärdensprache → Deutsche Gebärdensprache/Lautsprache simultan (z.B. Ei/EI, Baum/BAUM). Deutsche Gebärdensprache ist für T. die vordergründige Sprache zu Hause.

Auf Wunsch der Eltern wurde für T. das Gebärdensprachangebot nach 15 Hausbesuchen beendet. Daraufhin erhält T. erneut eine lautsprachliche Therapie, in der eine beeindruckende lautsprachliche Entwicklung festgestellt wurde, „explosionsartig“, wie es die Therapeutin formulierte:
Lautsprachproduktionen von T.:

11	Beber ← Kleber
	Galen ← Zahlen
	Eff ← elf
	Fuftich ← fünfzig
	Mit galen dok ← mit Zahlen doch
	Oben
	Oma

Silbenstruktur
Alle CV-Demisilben sind vorhanden (OV, NV, LV, GV); Beginn von CVC-Silben (*mal* ← *malen*; *bil* ← *Pilz*).
Sein Wortverständnis ist ohne Befund. In der dritten Therapiephase, nach dem Gebärdensprachprojekt, war „ein vollkommen anderes Vorgehen möglich“ (Wortschatzerweiterung, Syntax, Artikulation); V-Zweit-Stellung ist erworben, Nebensatzstrukturen werden aufgebaut (Konjunktionen *weil, wenn, dann*); Verneinungsstrukturen fangen an (mit *nicht*); spontane selbst initiierte Lautsprachkommunikation zeigt sich. Insgesamt war auffällig „der deutlich expressive Zuwachs nach Beginn des Gebärdensprachprojekts“: „Alles in allem war ich extrem beeindruckt.“ (alle Zitate stammen von der Logopädin Ines Rafflenbeul).
Auch wenn es sich bei unserer Studie um Lautsprachanbahnung durch Gebärdensprache nur um zwei Kinder handelt, so entkräften die Ergebnisse u.E. eindrucksvoll die Mythen wie „Gebärdensprache hemmt die lautsprachliche Entwicklung“. Das Gegenteil ist der Fall, denn ein gebärdensprachliches Angebot verhindert gerade nicht den Einstieg in die Lautsprache, sondern ermöglicht ihn. Unsere beiden Kinder jedenfalls erwarben quasi im Zeitraffer laut- bzw. gebärdensprachliche Fähigkeiten und damit auch ihre kommunikativen Möglichkeiten. Sie verhielten sich völlig anders als der von Sarimski (2003: 492) beschriebene Junge (mit Mikrodeletion 22q11), der sich angeblich weigert zu kommunizieren.
Sarimski beschreibt Kinder mit Deletionssyndrom 22q11 immer wieder als Kinder – allerdings etwas missverständlich – mit Kommunikationsdefiziten (gemeint ist Kommunikation via Lautsprache). Am Beispiel eines betroffenen Jungen (3;6

Jahre) illustriert er deren von ihm häufig beschriebene Weigerung zu sprechen: „Seinen eigentlich verfügbaren großen Wortschatz setzt er kaum im Dialog mit dem Erwachsenen ein, um Wünsche auszudrücken, nachzufragen oder etwas von sich aus zu kommentieren. Wenn er die Hilfe des Erwachsenen braucht, macht er stattdessen eine auffordernde Geste und schaut ihn an. Bei unmittelbaren Aufforderungen, einzelne Bilder zu benennen, reagiert er ausweichend, wedelt mit den Armen oder klopft auf den Tisch, als ob er damit ausdrücken wolle, dass er unmittelbar das nächste Bild sehen möchte. Bei wiederholter Aufforderung benennt er dann einige Bilder widerstrebend und unter Jammern mit „Stuhl", „Haus", „Kaffee" u.ä. Es ist schwierig einzuschätzen, was er wirklich zuverlässig versteht." (2003: 492)

Immerhin vermutet Sarimski, dass ein Wortschatz eigentlich verfügbar ist, obwohl der Schluss seiner Bemerkungen dazu im Widerspruch steht. Möglicherweise wäre für dieses Kind ein Konzept wie das unsere hilfreich gewesen, denn damit wäre ihm die Chance gegeben worden, die vermeintlich geringe „sozialkommunikative Initiative" mit Gebärdensprache aufzulösen. Der Vorbehalt gegen Gebärdensprache ist ja immer noch weit verbreitet unter den „Experten" (wie das folgende Zitat aus der Fragebogenstudie [vgl. Wegener u.a. 2008] belegt: „meine Versuche, über Gebärden an meinen Sohn heranzukommen, wurde von der Logo nur belächelt"). Dass nicht alle Experten der Idee, Gebärdensprache einzusetzen, ablehnend gegenüberstehen, zeigt das Beispiel von T., der aufgrund der Empfehlung einer Logopädin an unserem Projekt teilnahm. Wir hoffen gezeigt zu haben, dass Lautsprachanbahnung durch Gebärdensprache eine Erfolg versprechende Alternative oder Ergänzung zu einer rein lautsprachlichen Förderung sein kann. Um es nochmals hervorzuheben: Die letztliche Sprachwahl ist die Entscheidung des jeweiligen Kindes, denn nur seine Bedürfnisse sind maßgebend (vgl. Schwarze u.a. 2012).

Dennoch bleibt es für uns immer noch geheimnisvoll, warum genau diese außergewöhnliche Variante des Bootstrappings funktioniert. Wir kennen Bootstrapping bezogen auf eine Sprache (Prosodie z.B. ermöglicht, wie wir gesehen haben, den Einstieg in die Identifikation von Wort- bzw. Phrasengrenzen), wir kennen auch bilinguales Bootstrapping (der Erwerb bspw. von syntaktischen Konstruktionen in einer Sprache erleichtert den Erwerb in der zweiten Sprache, bei doppeltem Erstspracherwerb, vgl. etwa Tracy & Gawlitzek-Maiwald 2000). Nahezu unerforscht ist jedoch die Wirkweise bimodalen Bootstrappings (Lautsprache und Gebärdensprache) – insbesondere ein solches Bootstrapping bei Kindern mit Sprechblockade. Eins jedoch scheint sicher: Wenn bimodales Bootstrapping, wie gezeigt, erfolgreich ist, dann verfügt das Kind sowohl über eine angeborene sprachliche Ausstattung als auch vermutlich über perzeptuelle

Repräsentationen des Deutschen (vgl. Kapitel 1.3 und 5.1). Wie die unimodalen Formen des Bootstrappings so zeigt auch dieses bimodale Bootstrapping überdies sehr deutlich, dass dies Erwerbsstrategien sind, die im Kind angelegt und nicht auf Imitationen zurückführbar sind.
Schließlich muss auch hervorgehoben werden, dass unser Modell, bestehend aus Hausbesuch, Einbeziehen der Familienmitglieder und – das halten wir für besonders wichtig – Gebärdensprachangebot durch eine gebärdensprachkompetente Person, also entweder eine hörgeschädigte Person oder eine bilinguale Hörende, deren Eltern gehörlos sind und die bilingual aufgewachsen ist (CODA – child of deaf adult), von Vorteil ist. Wir haben nämlich bei beiden Kindern beobachten können, dass sie sehr genau spüren, wessen Muttersprache die Gebärdensprache ist, und sich, selbst bei Anwesenheit anderer (hörender) Personen, die die Gebärdensprache benutzen können, den Signern intensiv zuwenden.
Die beiden Fallstudien, von denen wir berichtet haben, sind auf den ersten Blick offenbar von ganz unterschiedlicher Art. So produzieren die phonologisch beeinträchtigten Kinder zunächst Protoformen, während die lautsprachlichen Produktionen der Kinder mit Sprechblockade von Beginn an sich den zielsprachlichen Wörtern annähern, wenn auch nicht immer und nicht sofort phonologisch korrekt. Unter einer an der generativen Sprachtheorie orientierten modularen Konzeption der Sprachverarbeitung jedoch lassen sich phonologische Störungen und produktive Störungen der Lautsprache mit einem gemeinsamen Konzept modellieren. Wie dies geht, werden wir im Folgenden erörtern.
Aus den vorangegangenen Überlegungen folgt, dass in Ausbildung oder Fortbildung von Logopäden, Sprachheilpädagogen und klinischen Linguisten Gebärdensprachkurse angeboten werden müssen und die Therapeuten in der Nutzung der Gebärdensprache in der Praxis geschult werden sollten. Optimal wäre es hingegen, wenn beim Einsatz von Gebärdensprache Therapeuten und Gehörlose im Team arbeiten, da Kinder sensibel dafür sind, ob der Kommunikationspartner ein Muttersprachler ist. Ebenso dringend müssen in der Aufklärungsarbeit Vorurteile abgebaut werden, die z.B. bei Beratungsstellen oder Ärzten teilweise immer noch vorhanden sind.

7 Zu guter Letzt

Inspiriert wurde der folgende Dialog durch die Lektüre des großartigen Buchs von Karl Popper und John Eccles „Das Ich und sein Gehirn" (1977), das mit einem sehr interessanten langen Gespräch der beiden Autoren endet. Da uns leider zu Forschungszwecken die Villa in Italien nicht zur Verfügung gestellt wurde, fand unser Gespräch in ähnlich schönem Ambiente, nämlich im Grüneburgpark in Frankfurt am Main statt.

Leuninger: Wie ist eigentlich Dein Interesse am Zusammenhang von Linguistik, Sprachdiagnostik und Sprachtherapie bei Kindern entstanden?

Dümig: Ich hatte ein wirklich einschneidendes Erlebnis während meines Praktikums an der logopädischen Abteilung des Clementine Kinderhospitals in Frankfurt am Main; der Sprachtherapeut, bei dem ich hospitierte, war Andreas Frank.

Leuninger: Was hat Dich damals so erstaunt?

Dümig: Andreas Frank behandelte damals einen Jungen, den wir in unserem Buch ja vorgestellt haben. Dieser Junge produzierte vornehmlich Formen, die in der Erwachsenensprache nicht existieren, und dies, obwohl er vorher schon in zweijähriger logopädischer Behandlung war, allerdings ohne Erfolg. Uns schien damals, dass ein intensiver Einbezug avancierter phonologischer Theorien vonnöten ist. Mit phonologischem Grundwissen kamen wir hier nicht weiter. Da es zur damaligen Zeit an der Goethe-Universität noch keinen Phonologie-Lehrstuhl gab, mussten wir uns mit Selbststudium weiterhelfen.
Du hast Dich mit Gebärdensprache befasst, auch im Zusammenhang mit kindlichen Beeinträchtigungen im Spracherwerb. Gab es für Dich auch ein vergleichbar einschneidendes Erlebnis?

Leuninger: Ja, in einer vom Kompetenzzentrum Sprache an der Universitätsklinik Frankfurt am Main durchgeführten Fragebogenstudie zu Kindern mit der Mikrodeletion 22q11 fanden sich Kommentare von Eltern, die mich aufhorchen ließen. Tenor war, dass einige dieser Kinder sehr positiv auf Gebärdensprache als Schrittmacher für den Lautspracherwerb reagierten.

Dümig: Gebärdensprache war ja an der Uni Frankfurt auch zunächst gar nicht als Lehr- und Forschungsgebiet installiert. Wie hast Du die Gebärdensprache eingebracht?

Leuninger: Wegen meines politischen Engagements für die Anerkennung der Gebärdensprache als Muttersprache hörgeschädigter Menschen habe ich zunächst bei einer gehörlosen Person Gebärdensprache gelernt. Meine Lehrerin, Daniela Happ, hat dann Linguistik studiert, war Mitarbeiterin an meinem Lehrstuhl und hat auch promoviert. Sie hat an meinem von der DFG geförderten Projekt zum Vergleich von Versprechern und Vergebärdlern in entscheidender Weise mitgewirkt. So kam Gebärdensprache an die Goethe-Universität und wurde Gegenstand intensiver linguistischer Forschungen und wurde auch in Seminaren unterrichtet. Welche Seminarangebote waren für Dich inhaltlich besonders interessant und wichtig?

Dümig: Natürlich die von Dir eben erwähnten Seminare, vornehmlich aber Veranstaltungen zur generativen Grammatik. Hier war es insbesondere das Konzept der Universalgrammatik und ihr Bezug zum Spracherwerb und zur Psycholinguistik.

Leuninger: Ich habe ja überhaupt keine Linguistik studieren können, zu meiner Zeit gab es das an den Universitäten kaum, und habe mich ebenfalls im Selbststudium mit Chomsky und generativer Grammatik befasst. Die Psycholinguistik kam erst während meiner Lehrtätigkeit hinzu, vor allem Versprecherforschung. Linguistik ist meines Erachtens jedoch nicht reiner Selbstzweck.

Dümig: Das stimmt. Linguistik ist für viele ein abstraktes Forschungsgebiet, aber in Wirklichkeit behandelt sie einen, wenn nicht den relevanten Aspekt menschlicher Identität, die Sprachfähigkeit.

Leuninger: Das sehe ich genauso. Treffend hat ein großer Philosoph, Heidegger nämlich, das so formuliert: Die Sprache ist das Haus des Seins.

Dümig: Und daher sollte auch die Sprache mit ihrer feinkörnigen Struktur und ihren ungeahnten Möglichkeiten im Fokus von Sprachtherapie stehen. In der Aphasietherapie läuft das ja im Wesentlichen so, seit man erkannt hat, dass es sich um eine selektive Beeinträchtigung der Sprachkompetenz handelt. In der Therapie von Kindern mit spezifischen Sprachentwicklungsstörungen allerdings ist das immer noch keine Selbstverständlichkeit. Wir finden immer noch ganzheitliche Therapiekonzepte. Mir scheint jedoch, dass affektive oder kommunikative Probleme bei solchen Kindern Ergebnis ihrer Sprachprobleme sind, und nicht deren Ursache.

Leuninger: D.h., wir müssen die Bedingungen so gestalten, dass sich Kinder optimal entfalten können, selbst wenn sie zunächst mit ihrer Sprache noch Schwierigkeiten haben. Im Grunde ist das auch eine Folge der Theorie der Universalgrammatik. Chomsky hat ja bereits in seinen frühen Publikationen, dann besonders in seinen Russell-Lectures (Über Erkenntnis und Freiheit) darauf insistiert, dass die von vielen Kritikern (Linguisten, Psychologen usw.) geschmähte Konzeption eines angeborenen Sprachprogramms, dessen Rekonstruktion die Universalgrammatik ist, paradigmatisch für unsere Vorstellung von Freiheit und Kreativität ist.
Was sind für Deine Forschungen die auf solchen Vorstellungen fußenden Resultate?

Dümig: Das ist eine ganze Vielfalt von Faktoren. In der Spracherwerbsforschung und Therapie gilt es die Perspektive des Kindes einzunehmen, ohne Einschränkung auf die Perspektive der Erwachsenen. Problematisch scheint mir auch die Überbewertung der einen, aber nicht alleinigen, vielleicht gar nicht primären Funktion von Sprache, nämlich der Kommunikation. Eine simple Überlegung, die Chomsky immer wieder in diesem Zusammenhang vorträgt, ist, dass Syntax evolutionär nicht aus kommunikativen Bedürfnissen abgeleitet werden kann.
Und was ergibt sich aus der Theorie der Universalgrammatik für Deine Idee, Gebärdensprache in die Therapie zu integrieren?

Leuninger: Zunächst etwas ganz Wesentliches: Die Universalgrammatik ist nämlich modalitätsunabhängig. D.h., ganz gleich, ob die aus der Universalgrammatik abgeleiteten Sprachen die akustisch-artikulatorische Modalität (Lautsprachen) oder die visuell-gestische Modalität (Gebärdensprachen) nutzen – das sind nur die Schnittstellen für die Verarbeitung –, die Grammatiken erzeugen genau die Strukturen, die problemlos an den Schnittstellen weiter berechnet werden können. Und in diesem Sinne sind alle Sprachen optimale Systeme. Und wenn das so ist und die Kinder mit Sprechblockade über das Sprachvermögen verfügen, dann ist Gebärdensprache ein probates Mittel …

Dümig: Und Kinder produzieren in ihrem Spracherwerb, wenn beispielsweise noch nicht alle phonologischen Eigenschaften der Zielsprache erworben sind, dennoch mögliche, mit der Universalgrammatik verträgliche Formen. Also auch hier gilt, eine andere Perspektive auf das Kind zu haben, nicht die der Erwachsenen, das ist die falsche. Dies ist vor allem deshalb von Belang, weil es enge Zeitfenster im Spracherwerb gibt, sogenannte sensible Phasen. Während dieser Zeit werden im Zusammenspiel von universellen Prinzipien und einzelsprachlichen Parametern grundlegende sprachliche Weichen gestellt.

Leuninger: Ja, das stimmt, aber wie wir sehen, kann auch ein älteres Kind noch von der gebärdensprachlichen Intervention profitieren. Das bedeutet, dass es ein abstraktes phonologisches Wissen hat und nur ein Verarbeitungsweg blockiert ist. Aber selbstverständlich ist eine frühstmögliche Intervention wünschenswert.

Dümig: Allerdings. Aber eben diese wird allzu oft durch wissenschaftlich wenig fundierte Förderinitiativen verpasst. Entscheidender Baustein für alle sprachlichen Fördermaßnahmen muss die linguistische und psycholinguistische Perspektive sein.

Leuninger: Die Arbeit von Sprachtherapeuten muss meines Erachtens hohen ethischen Standards genügen. Und um es noch einmal zu betonen, der Benefit für jedes einzelne Kind muss dabei im Vordergrund stehen, und nur der.

Dümig: Man muss bei all dem bedenken, dass jedes Kind eine individuelle Ausprägung seiner sprachlichen Probleme hat. Alle Kinder aber haben das Recht, mithilfe der Linguistik so präzise wie möglich diagnostiziert und in ihrem Weg in die Sprache, sei es Laut- oder Gebärdensprache oder beides, begleitet zu werden. Wenn ich von individueller Ausprägung spreche, ist es dennoch möglich, eine gemeinsame Modellierung für die Produktion von Laut- und Gebärdensprache im Spracherwerb zu finden?

Leuninger: Ja, auf jeden Fall, nämlich so:

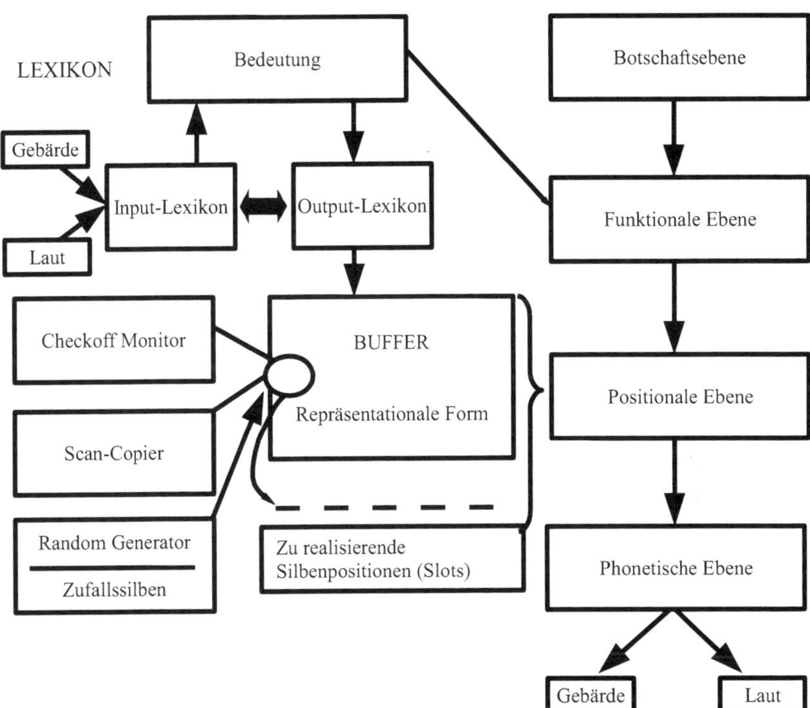

Abb. 25: *Laut- und Gebärdensprache im Sprachverarbeitungsmodell*
Dieses Modell ist eine Erweiterung des in unserem Buch für den Erwerb und die Verarbeitung von Lautsprache präsentierten Modells. Durch Hinzunahme der Gebärdensprache werden der Input und der Output modalitätsspezifisch unterschieden.

Literatur

Arbeitsgruppe Psycholinguistik und Aphasieforschung (1989). Modulare Sprachverarbeitung. Evidenz aus der Aphasie. Frankfurter Linguistische Forschungen. Sondernummer 2. Frankfurt am Main.

Aristoteles (1995). Die Nikomachische Ethik. M. Fuhrmann (Hrsg.), 2. Aufl. München: Deutscher Taschenbuchverlag.

Avery, P. & Rice, K. (1989). Segment structure and coronal underspecification. Phonology 6, 179-200.

Baker, E., Croot, K., McLeod, S. & Paul, R. (2001). Psycholinguistic models of speech development and their application to clinical practice. Journal of Speech, Language, and Hearing Research 44, 685-702.

Ball, M. & Kent, R. (1997). The new phonologies: Developments in clinical linguistics. San Diego, CA: Singular.

Barrera, R. D. & Sulzer-Azaroff, B. (1983). An alternating treatment comparison of oral and total communication training programs with echolalic autistic children. Journal of Applied Behavior Analysis 16, 379-394.

Barrera, R. D., Lobatos-Barrera D. & Sulzer-Azaroff, B. (1980). A simultaneous treatment comparison of three expressive language training programmes with a mute autistic child. Journal of Autism & Developmental Disorders 10, 21-37.

Bates, E. & Goodman, J. (1999). On the emergence of language from the lexicon. In B. MacWhinney (Hrsg.), The emergence of language (29-79). Mahwah, N.J.: Erlbaum.

Beers, M. (1996). Acquisition of Dutch phonological contrasts within the framework of feature geometry theory. In B. Bernhardt, J. Gilbert. & D. Ingram (Hrsg.), Proceedings of the UBC International Conference on phonological acquisition (28-41). Somerville, MA: Cascadilla Press.

Belletti, A. & Rizzi, L. (2002). Noam Chomsky: On nature and language. Cambridge: Cambridge University Press.

Berko, J. & Brown, R. (1960). Psycholinguistic research methods. In P. Mussen (Hrsg.), Handbook of research methods in child development (517-557). New York: John Wiley.

Bernhardt, B. & Stoel-Gammon, C. (1994). Nonlinear phonology: Introduction and clinical applications. Journal of Speech and Hearing Research 37, 123-143.

Bernhardt, B., Gilbert, J. & Ingram, D. (1996). Proceedings of the UBC International Conference on phonological acquisition. Somerville, MA: Cascadilla Press.

Booj, G. & van Marle, J. (1993). Yearbook of Morphology. Dordrecht: Kluwer.

Boyes-Braem, P. (1990). Acquisition of the handshape in American Sign Language: A preliminary analysis. In V. Volterra & C. J. Erting (Hrsg.), From gesture to language in hearing and deaf children (107-127). Berlin: Springer. Zitiert aus Boyes-Braem, P. (1995). Einführung in die Gebärdensprache und ihre Erforschung. Hamburg: Signum.

Buckingham, H. W. (1987). Phonemic paraphasias and psycholinguistic production models for neologistic jargon. Aphasiology 1, 381-400.

Buckingham, H. W. (1990). Abstruse neologisms, retrieval deficits and the random generator. Journal of Neurolinguistics 5, 215-235.

Butterworth, B. (1979). Hesitation and the production of verbal paraphasias and neologisms in jargon aphasia. Brain and Language 18, 133-161.

Calabrese, A. (2009). Acoustic inputs and phonetic illusions: A linguist's perspective on the neuro-psychological bases of speech perception. (http://homepages.uconn.edu/~anc02008/Papers/Acoustic%20Inputs%20and%20Phonetic%20illusions.pdf).

Chomsky, N. & Halle, M. (1968). The sound pattern of English. New York: Harper & Row.

Chomsky, N. (1957). Syntactic structures. Den Haag: Mouton. Deutsch (1973). Strukturen der Syntax. Berlin: de Gruyter.

Chomsky, N. (1980). Rules and representations. New York: Columbia University Press. Deutsch (1982). Regeln und Repräsentationen. Frankfurt am Main: Suhrkamp.

Chomsky, N. (1981). Lectures on government and binding. Dordrecht: Foris.

Chomsky, N. (1986). Knowledge of language: Its nature, origin, and use. New York: Praeger.

Chomsky, N. (2002). An interview on minimalism. In A. Belletti & L. Rizzi (Hrsg.), Noam Chomsky: On nature and language (92-161). Cambridge: Cambridge University Press.

Christman, S. S. (1992). Uncovering phonological regularity in neologisms: Contributions of sonority theory. Clinical Linguistics and Phonetics 6, 219-247.

Clements, N. (1985). The geometry of phonological features. Phonology Yearbook 2, 225-252.

Clements, G. N. (1990). The role of the sonority cycle in core syllabification. In J. Kingston & M. Beckmann (Hrsg.), Papers in laboratory phonology 1 (283-333). Cambridge: Cambridge University Press.

Cole, K. N., Dale, P. S. & Thal, D. J. (1996). Assessment of Communication and Language. Baltimore: Palu Brookes.

Cooper, W. E. & Walker, E. C. T. (1979). Sentence processing. Hillsdale, NJ: Erlbaum.

Cress, C. J. & Marvin, C. A. (2003). Common questions about AAC services in early intervention. Augmentative and Alternative Communication 19, 254-272.

Demuth, K., Culbertson, J. & Alter, J. (2006). Word-minimality, epenthesis, and coda licensing in the acquisition of English. Language and Speech 49, 137-174.

Dinnsen, D. A. (1997). Nonsegmental Phonologies. In M. Ball & R. Kent (Hrsg.), The new phonologies: Developments in clinical linguistics (77-126). San Diego, CA: Singular.

Dodd, B. & Iacono, T. (1989). Phonological disorders in children: changes in phonological process use during treatment. British Journal of Disorders of Communication 24, 333-351.

Dümig, S. (2009). Die Silbe und der Erwerb der Morphosyntax. Sprache-Stimme-Gehör 33, 100-101.

Dümig, S. & Frank, A. (2008). The syllable and schwa in first language acquisition: Normal and impaired development. Frankfurter Linguistische Forschungen. Sondernummer 11, 65-90.

Dümig, S., Leuninger, H., Frank, A., Konradi, J. (i. Vorb.). The dispersion principle in aphasic language production. Effects of the sonority dispersion principle on error patterns in demisyllables of different phonological complexity.

Durand, J. (1990). Generative and Non-linear Phonology. London: Longman.

Elsen, H. (1991). Erstspracherwerb: der Erwerb des deutschen Lautsystems. Wiesbaden: Deutscher Universitäts-Verlag.

Emmorey, K. (2002). Language, cognition, and the brain. Insights from Sign language research. Mahwah, N.J.: Erlbaum.

Ferguson, C. A., Menn, L. & Stoel-Gammon, C. (1992). Phonological development: Models, research, implications. Timonium, MD: York Press.

Fikkert, P. (1994). On the Acquisition of Prosodic Structure. Ph.D. Dissertation, HIL dissertations 6, Leiden University. The Hague: Holland Academic Graphics.

Fikkert, P., Penner, Z. & Wymann, K. (1998). Das Comeback der Prosodie. Neue Wege in der Diagnose und Therapie von phonologischen Störungen. Logos Interdisziplinär 6, 84-97.

Fisher, C., Klingler, S. L. & Song, H. (2006). What does syntax say about space? 26-month-olds use sentence structure in learning spatial terms. Cognition 101, B19-B29.

Fodor, J. A., Bever, T. G & Garrett, M. F. (1974). The psychology of language. An introduction to psycholinguistics and Generative Grammar. New York: McGraw Hill Book Company.

Fox, A. & Dodd, B. (1999). Der Erwerb des phonologischen Systems in der deutschen Sprache. Sprache-Stimme-Gehör 4 (23), 183-191.

Fox, A. (2002). PLAKSS – Psycholinguistische Analyse kindlicher Sprechstörungen. Frankfurt: SWETS – Testservices.

Fox, A. (2005a). Kindliche Aussprachestörungen. Phonologischer Erwerb – Differenzialdiagnostik – Therapie. Idstein: Schulz-Kirchner Verlag.

Fox, A. (2005b). PLAKSS – Psycholinguistische Analyse kindlicher Sprechstörungen (2., überarb. und erg. Aufl.). Frankfurt: Harcourt Test Services.

Fox, A. (2006). TROG-D. Test zur Überprüfung des Grammatikverständnisses. Idstein: Schulz-Kirchner Verlag.

Garrett, M. F. (1975). The analysis of sentence production. In B. Gorden (Hrsg.), The psychology of learning and motivation. Advances in Research and Theory (133-177). New York: Academic Press.

Gawlitzek-Maiwald, I. & Tracy, R. (1996). Bilingual bootstrapping. Linguistics 34, 901-926.

Gierut, J. A. (1990). Differential learning of phonological oppositions. Journal of Speech and Hearing Research 33, 540-549.

Gierut, J. A. (1991). Homonymy in phonological change. Clinical Linguistics & Phonetics 5, 119-137.

Gierut, J. A. (1992). The conditions and course of clinically-induced phonological change. Journal of Speech and Hearing Research 35, 1049-1063.

Gierut, J. A., Simmerman, C. L. & Neumann, H. J. (1994). Phonemic structures of delayed phonological systems. Journal of Child Language 21, 291-316.

Gleitman, L. & Gleitman, H. (2001). Bootstrapping. A First Vocabulary. In J. Weissenborn & B. Höhle (Hrsg.), Approaches to bootstrapping. Phonological, lexical, syntactic and neurophysiological aspects of early language acquisition (79-96). Amsterdam: Benjamins.

Goldsmith J. A. (1976). Autosegmental phonology. Ph.D. Diss. MIT (New York: Garland Press, 1979).

Goldsmith, J. A. (1990). Autosegmental and metrical phonology. Oxford, UK: Basil Blackwell.

Goldstein, H. (2002). Communication intervention for children with autism: A review of treatment efficacy. Journal of Autism & Developmental Disorders 32, 373-396.

Grela, B., Rashiti, L. & Soares, M. (2004). Dative prepositions in children with specific language impairment. Applied Psycholinguistics 25, 467-480.

Grijzenhout, J. & Joppen, S. (1999). First steps in the acquisition of German phonology: A case study. Rutgers Optimality Archives. ROA, 304-399.

Grimm, H. (2000). Enzyklopädie der Psychologie. Sprachentwicklung. Bd. 3. Göttingen: Hogrefe.

Grohnfeldt, M. (1980). Erhebung zum altersspezifischen Lautbestand bei drei- bis sechsjährigen Kindern. Die Sprachheilarbeit 5, 169-177.

Grunwell, P. (1988). Phonological assessment, evaluation and explanation of speech errors in children. Clinical Linguistics & Phonetics 2, 221-252.

Hall, T. A. (2000). Phonologie. Eine Einführung. Berlin: de Gruyter.

Happ, D. & Vorköper, M.-O. (2006). Deutsche Gebärdensprache. Frankfurt/Main: Fachhochschulverlag.

Happ, D. (2005). Manuelle und nicht manuelle Module der Deutschen Gebärdensprache (DGS): Linguistische Aspekte. In H. Leuninger & D. Happ (Hrsg.), Gebärdensprachen: Struktur, Erwerb, Verwendung. Linguistische Berichte, Sonderheft 13, 9-28.

Hohenberger, A. (2002). Functional categories in language acquisition. Tübingen: Niemeyer.

Höhle, B. (2002). Der Einstieg in die Grammatik: Die Rolle der Phonologie-Syntax-Schnittstelle für Sprachverarbeitung und Spracherwerb. Habilitationsschrift. Freie Universität Berlin.

Höhle, B., Weissenborn, J., Schmitz, M. & Ischebeck, A. (2001). Discovering word order regularities: The role of prosody in early parameter setting. In J. Weissenborn & B. Höhle (Hrsg.), Approaches to bootstrapping. Phonological, lexical, syntactic and neurophysiological aspects of early language acquisition (249-266). Amsterdam: Benjamins.

Huber, W. & Klann, J. (2005). Zerebrale Repräsentation der Gebärdensprache. In H. Leuninger & D. Happ (Hrsg.), Gebärdensprachen. Struktur, Erwerb, Verwendung. Linguistische Berichte, Sondernummer 13. Hamburg: Buske, 359-380.

Jescheniak, J. (1999). Accessing words in speaking: Models, simulations, and data. In R. Klabunde & C. Stutterheim (Hrsg.), Representations and processes in language production (237-257). Wiesbaden: Deutscher Universitätsverlag.

Kaltenbacher, E. (1999). Production processes in first language acquisition. In R. Klabunde & C. von Stutterheim (Hrsg.), Representations and processes in language production (281-304). Wiesbaden: Deutscher Universitätsverlag.

Kauschke, C. (2006). Frühintervention bei Sprachentwicklungsstörungen. In J Siegmüller & H. Bartels (Hrsg.), Leitfaden Sprache. Sprechen. Stimme. Schlucken (105-110). München: Urban & Fischer.

Kauschke, C. & Siegmüller, J. (2002). Patholinguistische Diagnostik von Sprachentwicklungsstörungen. München: Urban & Fischer.

Kehoe, M. & Lleó, C. (2003). The acquisition of nuclei: a longitudinal analysis of phonological vowel length in three German-speaking children. Journal of Child Language 30 (3), 527-556.

Keller, J. & Leuninger, H. (2004). Grammatische Strukturen – kognitive Prozesse. Tübingen: Narr.

Kenstowicz, M. (1994). Phonology in Generative Grammar. Oxford, UK: Basil Blackwell.

Kidd, E. & Balvin, E. L. (2005). Lexical and referential cues to sentence interpretation: an investigation of children's interpretations of ambiguous sentences. Journal of Child Language 32, 855-876.

Kiese-Himmel, C. (2005). AWST-R. Aktiver Wortschatztest für 3- bis 5-jährige Kinder – Revision. Göttingen: Hogrefe.

Kingston, J. & Beckmann, M. (1990). Papers in laboratory phonology 1. Cambridge: Cambridge University Press.

Klabunde, R. & Stutterheim, C. (1999). Representations and processes in language production. Wiesbaden: Deutscher Universitätsverlag.

Kloeke, Wus van Lessen (1982). Deutsche Phonologie und Morphologie. Tübingen: Niemeyer.

Leuninger, H. (1996). Danke und Tschüß fürs Mitnehmen. Zürich: Amman.

Leuninger, H. (2000). Mit den Augen lernen: Gebärdenspracherwerb. In H. Grimm (Hrsg.), Enzyklopädie der Psychologie. Sprachentwicklung. Bd. 3 (229-272). Göttingen: Hogrefe.

Leuninger, H. (2003). Sprachproduktion im Vergleich: Deutsche Lautsprache und Deutsche Gebärdensprache. In G. Rickeit, T. Herrmann & W. Deutsch (Hrsg.), Psycholinguistik. Ein internationales Handbuch (707-729). Berlin: de Gruyter.

Leuninger, H. & Happ, D. (Hrsg.) (2005). Gebärdensprachen. Struktur, Erwerb, Verwendung. Linguistische Berichte, Sondernummer 13. Hamburg: Buske.

Leuninger, H., Vorköper, M.-O. & Happ, D. (2004). Schriftspracherwerb und Deutsche Gebärdensprache. Osnabrücker Beiträge zur Sprachtheorie 67, 31-68.

Levelt, C. (1994). On the acquisition of place. Doctoral Dissertation 8. Leiden University: Holland Institute of Generative Linguistics.

Levelt, C., Schiller, N. & Levelt, W. J. M. (2000). The acquisition of syllable types. Language Acquisition 8, 237-264.

Levelt, W. J. M. (1989). Speaking. From Intention to Articulation. Cambr., MA: MIT Press.

Liberman, A., Harris, K., Hoffman, H. & Griffith, B. (1957). The discrimination of speech sounds within and across phoneme boundaries. Journal of Experimental Psychology 53, 358-368.

Maas, K. (2008). Sprach- und Sprechproblematik bei der Deletion 22q11. In Forschungsgruppe Neurolinguistik Hrsg., Frankfurter Linguistische Forschungen. Sondernummer 11: Klinische Linguistik im Spannungsfeld von Sprachstruktur, Therapie und Medizin. 9-35.

Macken, M. (1980). The child's lexical representation: the 'puzzle–puddle–pickle' evidence. Journal of Linguistics 16, 1-17.

MacNeilage, P. F. (1983). The production of speech. New York: Springer.

MacWhinney, B. (1999). The emergence of language. Mahwah, N.J.: Erlbaum.

McCarthy, J. & Prince, A. (1993). Generalized Alignment. In G. Booj & J. van Marle (Hrsg.), Yearbook of Morphology (79-153). Dordrecht: Kluwer.

McCarthy, J. (1988). Feature geometry and dependency: A review. Phonetica 45, 84-108.

Meinschaefer, J. (1998). Silbe und Sonorität in Sprache und Gehirn. Universität Bochum: http://www-brs.ub.ruhr-uni-bochum.de/netahtml/HSS/Diss/MeinschaeferJudith/diss.pdf.

Menn, L. & Matthei, E. (1992). The "two lexicon" account of child phonology looking back, looking ahead. In C. A. Ferguson, L. Menn & C. Stoel-Gammon (Hrsg.), Phonological development: Models, research, implications (211-247). Timonium, MD: York Press.

Menn, L. (1983). Development of articulatory, phonetic and phonological capabilities. In B. Butterworth (Hrsg.), Language production (Vol. 2) (3-50). London: Academic Press.

Möhring, H. (1938). Lautbildungsschwierigkeiten im Deutschen. Zeitschrift für Kinderforschung 47, 185-235.

Motsch, H.-J. (1999). ESGRAF-Testmanual: Evozierte Sprachdiagnose grammatischer Fähigkeiten. München: E. Reinhardt.

Mussen, P. (1960). Handbook of research methods in child development. New York: John Wiley.

Oller, D. K. (1980). The emergence of the sounds of speech in infancy. In G. Yeni-Komishian, J. F. Kavanagh & C. A. Ferguson (Hrsg.), Phonology, Vol.1: Production (93-112). New York: Academic Press.

Penner, Z. (2000). Phonologische Entwicklung: Eine Übersicht. In H. Grimm (Hrsg.), Enzyklopädie der Psychologie. Sprachentwicklung. Bd. 3 (105-140).Göttingen: Hogrefe.

Penner, Z. (2002). Plädoyer für eine präventive Frühintervention bei Kindern mit Spracherwerbstörungen. In W. Suchodoletz (Hrsg.), Therapie von Sprachentwicklungsstörungen. Anspruch und Realität (106-142). Stuttgart: Kohlhammer.

Penner, Z., Fischer, A. & Krügel, C. (2006). Von der Silbe zum Wort. Rhythmus und Wortbildung in der Sprachförderung. Troisdorf: Bildungsverlag EINS.

Penner, Z., Wymann, K. & Weissenborn, J. (2001). On the prosody/lexicon interface in learning word order: A study of normally developing and language-impaired children. In J. Weissenborn & B. Höhle (Hrsg.), Approaches to bootstrapping. Vol. 1 (249-266). Amsterdam: Benjamins.

Perniss, P. M., Pfau, R. & Steinbach, M. (Hrsg.) (2007). Visible variation. Comparative Studies on sign language structure. Berlin: de Gruyter.

Pinker, S. (1987). The bootstrapping problem in language acquisition. In B. MacWhinney (Hrsg.), Mechanisms of language acquisition (399-441). Hillsdale, NJ: Erlbaum.

Pinker, S. (1996). Der Sprachinstinkt. Wie der Geist die Sprache bildet. München: Kindler. Aus dem Amerikanischen (1995): The Language Instinct: How the Mind Creates Language. New York: Perennial.

Piske, T. (2001). Artikulatorische Muster im frühen Laut- und Lexikonerwerb. Tübingen: Gunter Narr.

Popper, K. und Eccles, J. C. (1977). The Self and its Brain. Berlin: Springer. Deutsch (1982). Das Ich und sein Gehirn. 2. Auflage, München, Zürich: R. Piper & Co.

Prillwitz, S. (2005). Das Sprachinstrument von Gebärdensprachen und die phonologische Umsetzung für die Handformkomponente der DGS. In H. Leuninger & D. Happ (Hrsg.), Gebärdensprachen. Struktur, Erwerb, Verwendung. Linguistische Berichte, Sondernummer 13 (29-58). Hamburg: Buske.

Prince, A. & Smolensky, P. (1993). Optimality Theory: Constraint interaction in Generative Grammar. Ms.

Ramers, K.-H. (2001). Einführung in die Phonologie. München: Wilhelm Fink.

Rée, J. (1975). Descartes. New York: Pica Press.

Reichle, J., Beukelman, D. & Light, J. (2002). Exemplary practices for beginning communicators. Baltimore: Paul H. Brookes.

Rickeit, G., Herrmann, T. & Deutsch, W. (2003). Psycholinguistik. Ein internationales Handbuch. Berlin: de Gruyter.

Rohlfing, K. (2006). Facilitating the acquisition of UNDER by means of IN and ON – a training study in Polish. Journal of Child Language 33, 51-69.

Romski, M. A. & Sevcik, R. A. (2005). Augmentative Communication and early intervention. Myths and realities. Infants and Young Children 18, 174-185.

Rothweiler, M. (1990). Spracherwerb und Grammatik. Opladen: Westdeutscher Verlag.

Sader, R., Hey, C., Wegener, C. & Leuninger, H. (2006). Über die komplexe Sprechstörung bei Kindern mit Mikrodeletion 22q11. LOGOS 14, 197-202.

Sarimski, K. (1985). Sprachentwicklungsskalen: Deutsche Bearbeitung der Reynell Developmental Language Scale. München: Gerhard Röttger.

Sarimski, K. (2003). Entwicklungspsychologie genetischer Syndrome. Göttingen: Hogrefe.

Sarimski, K. (2003). 22q11-Deletion. In K. Sarimski, Entwicklungspsychologie genetischer Syndrome (490-505). Göttingen: Hogrefe.

Schade, U. (1992). Konnektionismus. Zur Modellierung der Sprachproduktion. Opladen: Westdeutscher Verlag.

Scherer, N. J., D'Antonio, L. L. & Kalbfleisch, J. H. (1999). Early speech and language development in children with Velocardiofacial Syndrome. American Journal of Medical Genetics (Neuropsychiatric Genetics) 88, 714-723.

Schwarze, R. (2010). Das 22q11-Mikrodeletionssyndrom: Sprachanbahnung durch Gebärdensprache. Master-These. Universität Frankfurt am Main.

Schwarze, R., Happ, D., Leuninger, H. & Wegener, C. (i. Dr.). 22q11-Mikrodeletion. Anbahnung der Sprachproduktion durch Deutsche Gebärdensprache. Sprache-Stimme-Gehör.

Shattuck-Hufnagel, S. & Klatt, D. (1979). The limited use of distinctive features and markedness in speech production: Evidence from speech error data. Journal of Verbal Learning and Verbal Behavior 18, 41-55.

Shattuck-Hufnagel, S. (1979). Speech errors as evidence for a serial ordering mechanism in sentence production. In W. E. Cooper & E. C. T. Walker (Hrsg.), Sentence processing (295-342). Hillsdale, NJ: Erlbaum.

Shattuck-Hufnagel, S. (1983). Sublexical units and suprasegmental structure in speech production planning. In P. F. MacNeilage (Hrsg.), The production of speech (109-136). New York: Springer.

Shprintzen, R. J. (2008). Velo-Cardio-Facial Syndrome: 30 years of study. Developmental Disabilities Research Reviews 14, 3-10.

Siegmüller, J. & Bartels, H. (2006). Leitfaden Sprache. Sprechen. Stimme. Schlucken. München: Urban & Fischer.

Siegmüller, J. (2006). DiGeorge Syndrom. In J. Siegmüller & H. Bartels (Hrsg.), Leitfaden Sprache. Sprechen. Stimme. Schlucken. (185-186). München: Urban & Fischer.

Smith, N. V. (1973). The acquisition of phonology: A case study. New York: Cambridge University Press.

Solot, C. B., Knightly, C., Handler, S. D., Gerdes, M., McDonald-McGinn, D. M., Moss, E., Wang, P., Cohen, M., Randall, P., Larossa, D., Driscoll, D. A., Emanuel, B. S. & Zackai, E. H. (2000). Communication disorders in the 22q11.2 Microdeletion Syndrome. Journal of Communication Disorders 33, 187-204.

Solot, C. B., Gerdes, M., Kirschner, R. E., McDonald-McGinn, D. M., Moss, E., Woodin, M., Aleman, D., Zackai, E. H. & Wang, P. P. (2001). Communication issues in 22q11.2 Deletion Syndrome: Children at risk. Genetics in Medicine 3, 67-71.

Stampe, D. (1972). A Dissertation in Natural Phonology, Ph.D. Dissertation. New York: Garland Publishing Co.

Stenneken, P., Bastiaanse, R., Huber, W. & Jacobs, A. M. (2005). Syllable structure and sonority in language inventory and aphasic neologisms. Brain and Language 95, 280-292.

Stevens, K. (2002). Toward a model for lexical access based on acoustic landmarks and distinctive features. J. Acoust. Soc. Am. 111, 1872-1891.

Stoel-Gammon, C. (1996). Phonological assessment using a hierarchical framework. In K. N. Cole, P. S. Dale & D. J. Thal (Hrsg.), Assessment of Communication and Language (77-95). Baltimore: Palu Brookes.

Suchodoletz, W. (2002). Therapie von Sprachentwicklungsstörungen. Anspruch und Realität. Stuttgart: Kohlhammer.

Szagun, G. (2001). Language acquisition In young German speaking children with cochlear Implants: Individual differences and implications for conceptions of a "sensitive phase". Audiology & Neuro-Otology 1, 288-298.

Thompson, R., Emmorey, K. & Gollan, T. (2005). "Tip of the Fingers" experiences by deaf signers. Psychological Science 16, 856-880.

Tracy, R. & Gawlitzek-Maiwald, I. (2000). Bilingualismus in der frühen Kindheit. In H. Grimm (Hrsg.), Enzyklopädie der Psychologie. Bd. 3: Sprachentwicklung (493-535). Göttingen: Hogrefe.

Tracy, R. (1990). Spracherwerb trotz Input. In M. Rothweiler (Hrsg.), Spracherwerb und Grammatik (22-49). Opladen: Westdeutscher Verlag.

Tracy, R. (1995). Child languages in contact. Habilitationsschrift Universität Tübingen.

Trubetzkoy, N. 1939. Grundzüge der Phonologie. Prag (Travaux du Cercle Linguistique de Prague Bd. 7). 6. Auflage (1977). Göttingen: Vandenhoeck & Ruprecht.

Ullrich, A. (2011). Evidenzbasierte Diagnostik phonologischer Störungen – Entwicklung und Evaluation eines Sprachanalyseverfahrens auf der Basis nichtlinearer phonologischer Theorien. Dissertation. Universität Köln. (kups.ub.uni-koeln.de/3350/).

van Oostendorp, M. (2005). Feature Geometry. Extended handout: (www.vanoostendorp.nl/pdf/051004.pdf)

Vater, H. (1996). Einführung in die Sprachwissenschaft. München: UTB Fink.

Vihman, M. M. (1996). Phonological development: The origins of language in the child. Oxford: Blackwell.

Wegener, C. (2007). Status der Sprach- und Sprechentwicklung beim DS 22q11. Ergebnisse der Fragebogenstudie. KiDS-22q11 e.V. Info 14, 12-19.

Wegener, C., Hey, C., Sader, R., Maas, K. & Leuninger, H. (2008). Interdisziplinäre Ansätze der Diagnostik und Therapie am Beispiel Deletion 22q11. Sprachtherapie & „Mehrfachbehinderung": Die Internationale Klassifikation von Funktionsfähigkeit, Behinderung und Gesundheit (ICF) als Chance. Köln: ProLog, 179-191.

Weissenborn, J. (1996). Kinder steigen mit schlafwandlerischer Sicherheit in das System der Muttersprache ein. Frankfurter Linguistische Forschungen 19, 89-102.

Weissenborn, J. & Höhle, B. (2000). Approaches to bootstrapping. Phonological, lexical, syntactic, and neurophysiological aspects of early language acquisition. Amsterdam: Benjamins.

Wiese, R. (1996). The phonology of German. Oxford: Clarendon Press.

Wijkamp, I., Gerritsen, B., Bonder, F., Freke, H., Haisma, H. & van der Schans, C. (2010). Sign-supported Dutch in children with severe speech and language impairments: A multiple case study. Child Language Teaching and Therapy 26, 273-286.

Zamuner, T. (2003). Input-based phonological acquisition. New York: Routledge.

Internetquellen

www.ethnologue.com/show_family.asp?subid=23-16

www.kids-22q11.de (Homepage der Selbsthilfegruppe)

Anhang

Anhang I – Übungswörter Lautklasse und Artikulationsart

final initial	Plosiv / LAB	Frikativ / LAB	Nasal / LAB	Liquid / LAB	Gleit-laut / LAB	Plosiv / KOR	Frikativ / KOR	Nasal / KOR	Liquid / KOR	Gleit-laut / KOR	Plosiv / DOR	Frikativ / DOR	Nasal / DOR	Liquid / DOR	Gleit-laut / DOR
Plosiv / LAB	bib	bof	bom	*	baw	bot	bas	bon	bol	baj	bik	bix	biŋ	*	*
Frikativ / LAB	fob	fof	fom	*	faw	fot	fos	fon	ful	foj	fok	fox	foŋ	*	*
Nasal / LAB	mob	mof	mim	*	maw	mot	mos	mon	mil	moj	mok	mox	moŋ	*	*
Liquid / LAB	*	*	*	*	*	*	*	*	*	*	*	*	*	*	*
Gleitlaut / LAB	wub	waf	wim	*	waw	wot	wus	wun	wul	woj	wik	wox	woŋ	*	*
Plosiv / KOR	tob	tof	tum	*	taw	tit	tos	tan	tul	toj	tuk	tox	toŋ	*	*
Frikativ / KOR	sob	sof	som	*	saw	sot	sos	san	sul	saj	suk	sox	soŋ	*	*
Nasal / KOR	nob	nof	nom	*	naw	not	nos	non	nol	naj	nok	nox	noŋ	*	*
Liquid / KOR	lub	luf	lum	*	law	lot	lus	lun	lul	laj	luk	lux	loŋ	*	*
Gleitlaut / KOR	jub	juf	jum	*	jaw	jut	jus	jun	jul	jaj	jok	jux	joŋ	*	*
Plosiv / DOR	kub	kof	kum	*	kaw	kut	kos	kon	kol	koj	kok	kux	koŋ	*	*
Frikativ / DOR	hub	hif	him	*	haw	hot	hus	hon	hul	hoj	hok	hox	hoŋ	*	*
Nasal / DOR	*	*	*	*	*	*	*	*	*	*	*	*	*	*	*
Liquid / DOR	rob	rof	rim	*	raw	rot	rus	run	rul	raj	rak	rax	roŋ	*	*
Gleitlaut / DOR	*	*	*	*	*	*	*	*	*	*	*	*	*	*	

** = Kommt im Deutschen nicht vor / LAB = Labiale Laute / KOR = Koronale Laute / DOR = Dorsale Laute*

Anhang II – Übungswörter Lautklassen

Silbenfinal Silbeninitial	PLOSIV	FRIKATIV	NASAL	LIQUID	GLEITLAUT
PLOSIV	bot	bof	bom	bul	boj
FRIKATIV	fup	fuf	fum	ful	foj
NASAL	nup	nuf	nun	hul	naj
LIQUID	lup	luf	lum	rul	raj
GLEITLAUT	wup	juf	wim	jol	jaj

Anhang III – Spontansprachscreening im frühen Spracherwerb

1 Zielform	2 Produktion des Kindes	3 Silbenanzahl und Betonung	4 Akkuratheit	5 CV-Struktur	6 Akkuratheit	7 Initialer Konsonant	8 Akkuratheit	9 Finaler Konsonant	10 Akkuratheit	11 Kommentare

Anhang IV – Stadien des Spracherwerbs

Stadium	Lautsprache	Beispiel	Gebärdensprache	Beispiel
I Bis 1 Jahr vor den Wörtern (vorlexikalisch)	Sprachrhythmus und Silben der Muttersprache schon im Babbeln (6 M.); Äußerungen sind noch keine Wörter		Sprachrhythmus und Silben der Muttersprache schon im Babbeln (6 M.); Äußerungen sind noch keine Wörter; Babbelgesten sind nicht bildhaft	
II Ab 12 Monate Vorläufer der Syntax (lexikalisch)	Einwortäußerungen; mehr Wörter werden verstanden als produziert	18-19 Monate: ca. 50 Wörter 24 Monate: Wortschatzspurt (200 bis 300 Wörter, bis 3 Jahre)	Einwortäußerungen; mehr Wörter werden verstanden als produziert	18-19 Monate: ca. 50 Wörter 24 Monate: Wortschatzspurt (200 bis 300 Wörter, bis 3 Jahre)
III Ab 18 Monate Beginn des syntaktischen Prinzips (syntaktisch)	2-3-Wortäußerungen	Noch kaum Deklination und Konjugation: *Net lange Hose anziehen* (Verb im Infinitiv) *Julia Schere* (kein Genitiv) Entscheidungsfragen: nur mit Frageintonation: *Lolen dasan delen?* („(Wir) wollen den Fasan (auf den Tisch) legen")	2-3-Wort-Äußerungen	Noch kaum oder fehlerhafte Verbkonjugation: ICH HELFE$_{mir}$ („Ich helfe dir") Entscheidungsfragen: richtige Mimik Ergänzungsfragen: mit Fragegebärde, aber ohne Mimik WO PUPPE
IV Ab 24 Monate Vorläufer zur einzelsprachlichen Grammatik	Erste Mehrwortäußerungen	*Hier Buch vorlesen* („Du sollst mir aus dem Buch vorlesen") Erste Konjugationen: *Der Teddy zu dick ist*	Erste Mehrwortäußerungen	Verbkonjugation wird produktiv $_{ich}$BESUCHE$_{sie}$ („Ich besuche sie")
V Ab 36 Monate Erwerb einzelsprachlicher Besonderheiten	Richtige Wortstellung	*Immer fällt die um* Entscheidungsfragen: *Darf ich malen?*	Syntaktischer Zusammenhang von manuellen und nicht-manuellen Komponenten	Ergänzungsfragen mit Mimik: mimik WO PUPPE
Was danach noch erworben werden muss	Noch Probleme mit dem Dativ	3 Jahre, 1 Monat: *Du bist auf mich und du sitzt auf die Stuhl*	Zusammenhang von Klassifikation und Verbkonjugation (Bewegung und Aktionsart): die einzelnen Komponenten werden nach und nach erworben	1. HUHN IM-BOGEN-HÜPFT 2. HUHN IM-BOGEN-AUFWÄRTS-HÜPFT 3. HUHN IM-BOGEN-AUFWÄRTS-HÜPFT$_{Subjekt\text{-}Klassifikator}$

Anhang V – Mikrodeletion 22q11

(vgl. auch www.kids-22q11.de [Homepage der Selbsthilfegruppe])

- Prävalenz von ca. 1 : 4000, nach dem Down-Syndrom die zweithäufigste genetische Erkrankung
- strukturelle Chromosomenveränderung in Form einer Mikrodeletion; ein Segment eines Chromosoms fehlt (Shprintzen 2008); zwischen den beiden Enden des Chromosoms 22 fehlt ein Teil des Materials im Abschnitt q11
- häufig abnormaler Schrei des Neugeborenen (ungewöhnlich hoch und wenig moduliert (Sader u.a. 2006)
- Leitsymptom bei einem Großteil der Kinder: schwerer Herzfehler
- Dysmorphien des Gesichts und der Ohren, Mandelaugen, Schluckstörungen und Probleme bei der Nahrungsaufnahme
- offene oder submuköse Gaumenspalte oder eine velopharyngeale Schwäche (als Folge: artikulatorische Kompensationsmechanismen [Sarimski 2003], vor allem Glottal-Stop-Substitutionen meistens von den Plosiven /p/, /b/, /t/, /d/, /k/ und /g/ [Scherer u.a. 1999])
- Verzögerungen im Erreichen der Meilensteine (Tracy 1995)
- verzögerter Sprechbeginn entspricht häufig nicht der kognitiven Entwicklung (Solot u.a. 2000) und kann bis zum Alter von 4 Jahren andauern (Sader u.a. 2006; Solot u.a. 2000; 2001): 80% der dreijährigen und 30% der vierjährigen Kinder sind davon betroffen
- sicheres Diagnostikum (seit den 1990er Jahren): Fluorescence in situ Hybridization (FISH)

Anhang VI – Sprachanbahnung durch Gebärdensprache

Mythen:
„Gebärdensprache ist nur für Gehörlose"
„Gebärdensprache hemmt die lautsprachliche Entwicklung"
„Gebärdensprache ist die letzte zu ergreifende Interventionsmethode"

Vielmehr sollten wir Folgendes als Ausgangspunkt sehen:

„Jona sprach lange Zeit überhaupt nicht. Zufällig entdeckte ich die gebärdenunterstützende Kommunikation und habe Gebärden gepaukt und angewandt. Jona übernahm zuerst die Gebärden, dann lautierte er zu den Gebärden, und als seine Worte verständlich wurden, ließ er die Gebärden weg. Er fand dann in kürzester Zeit in die Lautsprache."

Was ist also unser Ziel?
Durch den gezielten Einsatz von Gebärdensprache, auch in Kombination mit Lautsprache, sollen Sprechblockaden bei Kindern mit unterschiedlichen Erkrankungen (z.B. 22q11-Mikrodeletion, Down-Syndrom, Sotos-Syndrom etc.) gelöst und der Einstieg in die lautsprachliche Kommunikation ermöglicht werden. Dadurch soll nicht nur die sprachliche Entwicklung des Kindes, sondern auch seine psychosoziale Entwicklung gefördert werden.
Um erste Erkenntnisse aus einer Einzelfallstudie zu bestätigen und zu festigen, soll nun eine weitere Studie mit einer größeren Anzahl von Kindern durchgeführt werden.

Wie wollen wir das erreichen?
- Hausbesuche einer gehörlosen Signerin (Dauer ca. 45 Min.)
- Einsatz einer DVD: Bilder werden simultan in DGS und Lautsprache benannt

Wen und was brauchen wir dafür?
- Kinder mit Sprechblockaden
- gehörlose/n Signer/in
- Kamera und Mikro
- Protokollbögen
- um den Sprachstand des Kindes zu Beginn der Intervention festzustellen, soll zunächst der SETK 3-5 bzw. der TROG-D durchgeführt werden (SETK und TROG-D sind zwei Sprachentwicklungstests)
- DVD
- Bilderbücher

GLOSSAR

Artikulationsart Lautsprache

Die Merkmale für die Artikulationsart geben an, durch welche Veränderungen des Vokaltraktes ein Laut gebildet wird. Mit ihrer Hilfe kann man unterschiedliche Lautklassen voneinander unterscheiden. Das Merkmal [kontinuierlich] (gibt es eine Blockade des Luftstroms) unterscheidet Plosive von Frikativen, [nasal] (ist eine Senkung des Velums gegeben) differenziert Liquide und Nasale und [lateral] (ist ein Verschluss in der Mundraummitte mit vorhandener freier Seitenpassage vorhanden) trennt Laterale von Vibranten. Das Merkmal [stimmhaft] unterscheidet innerhalb von Plosiven und Frikativen die Laute, die durch Verschluss der Stimmlippen mit Schwingung derselben produziert werden und welche nicht.

Artikulationsort Lautsprache

Laute werden mit einer spezifischen Konfiguration der Artikulationsorgane (Zunge, Lippen) gebildet. Kritisch ist, ob der Zungenrücken (Dorsum) nach hinten verlagert [hinten], der Zungenrücken angehoben [hoch] oder mit der Zungenspitze bzw. dem Zungenkranz produziert wird [-koronal] gilt. Sind die Lippen bei der Bildung der Laute beteiligt, so ist der Laut für das Merkmal [labial] spezifiziert.

Bootstrapping

Bootstrapping bezeichnet Strategien, die im Spracherwerb wirksam sind. Kinder erschließen sich Einheiten und Strukturen einer grammatischen Komponente mithilfe von bereits erworbenen Kenntnissen von Einheiten und Strukturen einer anderen grammatischen Komponente. Z.B. nutzen sie ihr prosodisches Wissen, um Lautfolgen im Input als Wörter oder syntaktische Phrasen zu identifizieren; wachsen Kinder bilingual auf, so nutzen sie ihre bereits erworbene Kenntnis bspw. von einer Konstruktion in der einen Sprache, um sich eine vergleichbare Konstruktion in der anderen Sprache zu erschließen; haben Kinder einen bilingualen und bimodalen (Gebärden- und Lautsprache) Input, so nutzen sie die erworbenen gebärdensprachlichen Kenntnisse, um einen Einstieg in die Lautsprache zu finden.

Constraints

Beschränkungen oder Bedingungen, die von sprachlichen Repräsentationen erfüllt sein müssen, damit sie als Output realisiert werden können.

Demisilben (auch Halbsilben)

Silben werden noch einmal in zwei Demisilben unterteilt. Man kann somit eine initiale und finale Demisilbe unterscheiden. Jede Demisilbe beinhaltet jeweils den Vokal der Silbe. Die Silbe /bal/ setzt sich folglich aus den Demisilben /ba/ und /al/ zusammen. Die phonologische Komplexität der Demisilben variiert danach, in welcher Position welcher Konsonant gegeben ist.

Garrett-Modell (Positionale Ebene, Funktionale Ebene)

In diesem Sprachproduktionsmodell werden eine funktionale und eine positionale Ebene unterschieden. Auf der funktionalen Ebene findet eine Zuordnung von der im Satz enthaltenen Bedeutungsinformation zu einer syntaktischen Struktur statt. Auf der positionalen Ebene wird genau diese syntaktische Struktur auf eine phonologische Repräsentation abgebildet. Letztlich wird diese Repräsentation in artikulatorische Prozesse überführt. Das Modell ist ein serielles Top-down-Modell, d.h., es findet keine Rückkopplung statt.

Gebärdensprachen

Gebärdensprachen sind Raumsprachen. Wie viele Gebärdensprachen es weltweit gibt, ist nicht bekannt. Forschungen liegen zu ca. 130 Gebärdensprachen vor. Wie Lautsprachen verfügen auch die jeweiligen Gebärdensprachen über dialektale Varianten. Durch die Verortung von Gebärden im gebärdensprachlichen Raum entsteht ein Großteil der grammatischen Struktur (durch sog. raum- und personenkongruente Verben und andere anaphorische Beziehungen herstellende Mittel).

Generative Grammatik

Die Generative Grammatik ist eine Theorie der Sprachkompetenz. In ihrer neueren Version besteht sie aus verschiedenen Modulen, jedes von ihnen mit einer bestimmten „Aufgabe“ zur Charakterisierung der Grammatikalität von Sätzen (z.B. Kasustheorie, die Theorie thematischer Rollen) und Beschränkungen für die Anwendung von Regeln.

Head-Turn-Paradigma

Mit dieser Methode wird gemessen, wie lange Kinder ihren Kopf in Richtung des Lichts drehen, das angeht, wenn bspw. unbekannte oder ungrammatische Formen eingespielt werden. Sie schauen länger zu dem Licht, das angeht, wenn sie unbekannte oder abweichende Formen hören.

Lexikon

Man kann zwischen zwei Arten von Lexika unterscheiden, dem grammatischen Lexikon, das alle relevanten lexikalischen Informationen enthält, z.B. Verbsubkategorisierungen (essen mit NP-Komplement), und dem Verarbeitungslexikon, das alle Informationen aus dem grammatischen Lexikon enthält, jedoch unterschieden ist in ein Bedeutungslexikon (Lemma-Lexikon) und ein Form-Lexikon (Lexem-Lexikon). Dazu gibt es bestimmte Zugriffsroutinen. Z.B. kann man sich vorstellen, dass auf regelmäßige Verben anders zugegriffen wird als auf unregelmäßige Verben. Darüber hinaus wird zwischen einem Input- und einem Output-Lexikon unterschieden, da beide jeweils selektiv beeinträchtigt sein können.

Lineare Phonologie

Theoretische Richtung innerhalb der phonologischen Forschung, für die vor allem das SPE-Modell von Chomsky & Halle (1968) repräsentativ ist. Phoneme bzw. Merkmalsmengen sind in linearer Abfolge angeordnet. Auf diese lineare Abfolge werden die Regeln einer Zielsprache (z.B. die Regel der Auslautverhärtung) angewendet.

Markiertheit

Die Markiertheitstheorie stammt ursprünglich aus dem Prager Strukturalismus. Unmarkierte Einheiten sind weniger komplex (z.B. weniger Merkmale) und kommen häufiger vor als markierte Formen. Unmarkierte Formen sind in markierten impliziert. Unmarkierte CV-Silben kommen in Sprachen mit CVC vor, während der umgekehrte Fall nicht gilt.

Merkmale, phonologische

Kleinste phonologische Einheiten, die als Menge ein Phonem definieren. Durch Unterschiede in den Werten der Merkmale (+ oder -) können Phoneme voneinander unterschieden werden. So unterscheiden sich /b/ und /v/ nur in dem Merkmal [kontinuierlich]. Auch gebärdensprachliche Wörter setzen sich aus phonologischen Merkmalen zusammen. Insgesamt gibt es Merkmale aus vier Merkmalsklassen, Handform, Handorientierung, Ausführungsstelle und Bewegung.

Merkmalsgeometrie

Phonologische Theorie, die davon ausgeht, dass Merkmalsmengen nicht ungeordnet, sondern hierarchisch in einem Merkmalsbaum strukturiert sind. Die Komplexität eines Phonems nimmt zu, je mehr der Baum nach unten hin mehr Struktur beinhaltet.

Mikrodeletion 22q11

Mit einer Prävalenz von ca. 1 : 4000 ist die Mikrodeletion 22q11 nach dem Down-Syndrom die zweithäufigste genetische Erkrankung. Es handelt sich dabei um eine strukturelle Chromosomenveränderung in Form einer Mikrodeletion; ein normalerweise vorhandenes Segment eines Chromosoms fehlt, nämlich ein Teil des Materials im Abschnitt q11; zwischen den beiden Enden des Chromosoms 22. Mit der Mikrodeletion sind diverse Symptome verbunden. Neben dem Leitsymptom eines schweren Herzfehlers treten diverse somatische, kognitive und sprachliche Beeinträchtigungen auf.

Modalität

Unter Modalität versteht man Verarbeitungsmodalität, also jene sensorischen Kanäle, mit denen eine Sprache verarbeitet (produziert und wahrgenommen) wird. Die Sprachen dieser Welt nutzen entweder die akustisch-artikulatorische Modalität (Lautsprachen) oder die visuell-gestische Modalität (Gebärdensprachen).

Modularität

Modularität bezeichnet eine komponentenspezifische Organisation des menschlichen Geistes, des Sprachvermögens und der Sprachverarbeitung. Jede Komponente hat ihre besonderen Aufgaben und ist auf diverse Weisen, über Schnittstellen, mit den anderen kognitiven Modulen verbunden. Erst das Zusammenspiel aller Module ergibt bspw. die Charakterisierung der grammatischen Struktur von Sätzen. Die Annahme von Verarbeitungsmodulen wird etwa bestätigt durch selektive Beeinträchtigungen, z.B. in der Aphasie, bei gleichzeitiger Verschonung anderer Module.

Nicht-lineare Phonologie

Phonologische Repräsentationen werden nach dieser Theorie nicht als einfache lineare Abfolge von Phonemen verstanden. Vielmehr werden unterschiedliche Ebenen (Merkmale, CV-Schicht, Silben, Prosodischer Fuß usw.) angenommen, die interagieren können, ohne in direkter Abfolgebeziehung zu stehen.

Oberklassenmerkmale

Die Merkmale [sonorant] und [konsonantisch]. Mit ihrer Hilfe lassen sich vier Oberklassen unterscheiden [Vokale, Sonoranten, Obstruenten, Laryngale]. Die Oberklassenmerkmale stehen in der Merkmalsgeometrie an oberster Stelle.

Optimalitätstheorie

Vor allem von Prince & Smolensky (1993) und McCarthy & Prince (1993) begründete Richtung der Phonologie. Kerngedanke ist, dass eine phonologische Kandidatenmenge durch spezifisch gerankte Constraints gefiltert wird und hierdurch ein optimaler Kandidat gefunden wird. Dieser wird als Output realisiert.

Phonetik

Wissenschaft, die die physikalisch messbaren Aspekte von Lauten untersucht. Man unterscheidet hier artikulatorische Phonetik (wie werden Laute durch die Artikulationsorgane erzeugt), akustische Phonetik (wie sehen die physikalischen Eigenschaften der Schallwellen bei der Produktion aus) und perzeptive Phonetik (wie werden Laute wahrgenommen).

Phonologische Komplexität

Die phonologische Komplexität von Demisilben bemisst sich danach, welches Phonem in welcher Position steht. Initial steigt die Komplexität bei zweipositionalen Demisilben (CV) gemäß der Sonoritätshierarchie von Plosiven zum Vokal hin an. Final nimmt sie bei finalen zweipositionalen Demisilben (-VC) vom Vokal zu den Plosiven hin zu. Die phonologische Komplexität von einzelnen Phonemen kann anhand der Merkmalsgeometrie nach den vorhanden strukturellen Ebenen angegeben werden.

Phonotaktik

Teilbereich der Phonologie, der sich mit den möglichen und unmöglichen Kombinationen von Phonemen befasst. Manche Kombinationsbeschränkungen gelten universell und werden z.B. durch das Sonoritätsprinzip vorgegeben, andere sind sprachspezifisch zu bestimmen.

Prosodie

Unter Prosodie wird häufig nur das Betonungsmuster verstanden. Sie beinhaltet aber vielmehr verschiedene sprachliche Eigenschaften wie Akzent, Intonation, Quantität und Sprechpausen.

Rekursivität/Kreativität

Rekursivität bedeutet die beliebige Anwendbarkeit grammatischer Regeln. Dieses mathematische Konzept liegt der Vorstellung von sprachlicher Kreativität zugrunde.

Signer

Person mit Kompetenz in einer Gebärdensprache. Der Personenkreis umfasst hörgeschädigte Menschen, aber auch sog. Codas, das sind Kinder gehörloser Eltern, die mit Gebärden- und Lautsprache aufgewachsen sind.

Silbe

Eine Silbe ist ein hierarchisches Gebilde mit mehreren Ebenen. In der deutschen Lautsprache besteht die minimale Silbe aus dem Silbenskelett CVC, die maximale aus CCVCC. Jede Silbe enthält ein Sonoranzmaximum, den Silbenkern. Das Silbenskelett der Deutschen Gebärdensprache enthält maximal drei Positionen (Halt-Bewegung-Halt). Bewegung dominiert die maximal sonoranten Merkmale. Die Sonoranz einer Silbe kann durch sog. sekundäre Bewegung erhöht werden. Hier gelten phonotaktische Beschränkungen.

Sonorität (Sonoritätshierarchie; Sonoritätsprinzip)

Sonorität wird meist mit Wahrnehmbarkeit von Lauten gleichgesetzt. Die Sonoritätshierarchie stellt eine skalare Beschreibung der zunehmenden Sonorität dar (ansteigend: Plosive → Frikative → Nasale → Liquide → Gleitlaute → Vokale). Das Sonoritätsprinzip besagt, dass es ein Phonem gibt, das den Silbengipfel bildet und die Sonorität sukzessiv zu diesem hin zu- von ihm weg aber abnimmt. Dass das Sonoritätsprinzip auch in der Gebärdensprache wirksam ist, lässt darauf schließen, dass es als kognitives, modalitätsunabhängiges Prinzip verstanden werden muss.

Sprachkompetenz, I-Sprache, E-Sprache

Implizites Wissen eines Sprechers/Hörers über seine Sprache (Grammatik). Heute wird der Begriff I-Sprache (internalisierte Sprache) verwendet; er bezeichnet die im Spracherwerb erworbene mentale Repräsentation der grammatischen Strukturen.

Total Communication

Bei Total Communication (auch Augmentative Alternative Communication) handelt es sich um den therapeutischen Einsatz von Gebärden und anderen visuellen Mitteln, vor allem in Kombination mit der Lautsprache, zur Anbahnung von Lautsprache bei Kindern mit diversen Störungen (z.B. Autismus, kognitiven Beeinträchtigungen, Hörbeeinträchtigungen, artikulatorischen Schwierigkeiten und spezifischen Sprachentwicklungsstörungen).

Universalgrammatik

Formale Rekonstruktion des angeborenen Sprachvermögens; die Universalgrammatik muss so beschaffen sein, dass sie die Ableitung möglicher menschlicher Sprachen erlaubt. Im Prinzipien- und Parameter-Modell (Chomsky 1981) enthält sie Beschränkungen, die für alle Sprachen gelten (Prinzipien) und offene Werte (Parameter) für die jeweiligen Einzelsprachen. Der Spracherwerb besteht nach diesem Modell im Wesentlichen in der Belegung von Parameterwerten. Beispielsweise unterscheiden sich Sprachen im Verb-Komplement-Parameter, Deutsch ist z.B. eine Komplement-Verb-Sprache, Englisch hingegen eine Verb-Komplement-Sprache.

Versprecher, Vergebärdler

Das sind vorübergehende sprachliche Fehlleistungen. Es können alle sprachlichen Einheiten von Fehlleistungen betroffen sein.